人生と仕事を変える
小さな習慣250

ライフハック大全

LIFE HACKS

堀 正岳 Lifehacking.jp

KADOKAWA

はじめに

「小さな習慣」が
ここまで人生を変える

「人生は、ほんの小さな習慣で変えられる」——そう聞いたら、みなさんは信じるでしょうか？

なかなか思い通りにいかない人生を変えるには、大きな決心や、派手な行動が必要だと思われがちです。たしかに、大きな事件やショックも"きっかけ"になるかもしれませんが、実際に毎日の生活を変えるのはむしろ**「行動の変化」**、つまりは習慣なのです。

そして習慣を変えるには、大きな決心をしたり、継続しようと歯を食いしばって努力したりといったことは必要ありません。毎日の行動を、毎日数分で実践できるような小さな近道で入れ替えてゆくだけで、やがて大きな変化を生み出すことができるのです。

それが**「ライフハック」**です。

ライフハックとは「ライフ（人生）」と「ハック」の2つの合成語です。ハックは「ハッカー」や「ハッキング」とも関連しているので悪い意味に受け取られがちですが、もとはプログラマーが問題を鮮やかに解決する際に使われる言葉です。

ライフハックという言葉はジャーナリストのダニー・オブライエン氏が2004年に行った「ライフハック：生産性の高いアルファギークの秘密」という講演からきています。

氏は、この講演で、生産性の高いプログラマーは他のプログラマーに比べて何十倍も仕事が速いものの、彼らが何十倍も頭が良かったり、高い技能をもっていたりするわけではないと指摘しました。

むしろ、彼らは人に見せるのが恥ずかしいほど簡単なスクリプト（プログラム）や習慣を繰り返し適用することで、日常に小さな近道を生み出し、いわば人生をハックしているのです。

このように**小さなことを繰り返すことで、大きな成果が得られる**。これがライフハックの本質なのです。

もっとラクになろう

　この言葉に触発されて、仕事や生活全般で利用できるハックがさまざまに提案され、ライフハックをテーマにしたブログやサイトが数多く誕生しました。日本でもライフハックは仕事術の一種として広まったので、みなさんも言葉としてはご存じかもしれません。

　しかし、ライフハックのムーブメントがアメリカで誕生したころからそれを自身のブログ Lifehacking.jp で紹介してきた私には、1つの不満がありました。

　それは、効率化や、生産性を追い求めるあまりに、ライフハックが当初持っていた「人生をもっとラクにしよう」「もっと楽しくしよう」というメッセージがいつしか薄れてしまったことです。

　そこで本書では、2004年の誕生からこれまで、私がウェブから収集し、書籍を通して学び、ブログで紹介し、自分でも実践してきたライフハックのうち、時間が経っても新鮮さを失わない、最もラクに実践できるものを厳選しました。まったくの初心者でも実践できるToDoリストの書き方から、人生をゆるやかに変えるためのテクニックまで、250項目で網羅した「大全」となっています。

　SECTION01の時間管理から、SECTION08の習慣術に至るまで、本書はどこから読みはじめてもよいように、それぞれの項目に1つずつのテクニックを簡潔にまとめています。

　ライフハックは仕事を効率化するために、新しいスキルを学ぶために、楽しい生活を続けるために、自分の人生を使ってさまざまな実験を行うことでもあります。

　ぜひ本書のテクニックを、みなさんの生活に、実験のつもりで気軽に適用してみてください。きっと、「こんな小さなハックがこんなにも大きな効果を持つのか」と驚かれるはずです。

　あなたの人生が、もっとラクに、もっと楽しく、生産的であるために、これらのハックが役に立つことを祈っています。

　　　　　　　　　　　　　　　　　　Happy Lifehacking!

押さえておきたい
ライフハック基本ツール

基礎知識

本書にたびたび登場する定番のウェブサービス、ガジェットを紹介します。それぞれに仕事をラクにする、情報を整理するなどといった「持ち場」がありますので、みなさんの好みと用途に合わせて組み合わせてみてください。

【Evernote】

Evernoteはウェブページをクリップし、文章・写真・任意のファイルといった情報もすべてパソコンやスマートフォン上に同期するクラウド上のメモサービスです。情報は覚えるのではなく、信頼できる外部サービスに預けて検索するというスタイルをEvernoteで作りましょう。

【ひらくPCバッグ】

「ひらくPCバッグ」は三角形の独特なフォルムでノートパソコンを入れたままの状態で机の上で開き、書類や文具にアクセスすることを可能にする、いわば持ち歩く書斎です。カメラ、モバイルバッテリーなど、持ち歩く物が多い人の心強い相棒となるでしょう。

【Todoist】
WindowsやmacOS、iOSやAndroidなど、どのプラットフォームでも同一のインターフェースで利用することができるタスク管理サービスがTodoistです。シンプルでありながら、機能を組み合わせることで高度なカスタマイズもできることで広く利用されています。

【ScanSnap】
書類、名刺、レシートといった紙を素早くスキャンし、PDFやJPEGといったデジタルデータに変換することができるドキュメントスキャナーの定番です。大量の書類を両面でスキャンできるiX500と、バッテリー駆動で持ち運ぶことができるiX100がおすすめです。

【モレスキン・ノートブック】
かつてピカソやヘミングウェイが愛用した黒い革の手帳を現代に復刻させたノートがモレスキンです。大量のページ数と堅牢で高級な作りをしていることから、日常の記録やアイデアを書き込み、長期間保存するのに向いています。

CONTENTS

はじめに…002
押さえておきたいライフハック基本ツール…004

SECTION 00 始めよう
「人生を変える7つのライフハック」

001	人生を変えるなら、時間の使い方を極端にする…018
002	決断するスピードを加速する…020
003	言葉を換えれば性格は変えられる…022
004	すべての場所にメモとペンを持ち歩く…023
005	心の中のヒーローに悩みを打ち明ける…024
006	機会にはすべて「イエス」と言う…025
007	小さな習慣で、毎日を「小さな勝利」にする…026

SECTION 01 時間管理
「時間は増やせる」

008	時間は分・秒まで正確に意識する…030
009	**時間の見積もり(1)** タイマーを常に持ち歩く…032
010	**時間の見積もり(2)** メールにかける時間は1分を基本に…033
011	**時間の見積もり(3)** 電話に使う時間は3分が限度…034
012	**時間の見積もり(4)** 時間差で使えるメディアを意識する…035
013	「時間の見積もり」は必ず失敗することを想定して2倍にする…036
014	RescueTimeで時間を「見える化」する…037
015	24時間テンプレートを作ってみよう…038
016	「通勤時間を見直す」ために引っ越しを検討する…040
017	自分の黄金時間にドラゴン(最難関タスク)を倒す…041

018	メールを朝一番に見てはいけない … 042	
019	プランニングは「日・週・月」に分けて別々に … 043	
020	すべての予定はクラウドにまとめる … 044	
021	カレンダーは10種類作って組み合わせる … 045	
022	予定は1時間単位でなく、30分単位で … 046	
023	「余暇の時間」をあらかじめカレンダーに入れておく … 047	
024	「ロード時間」と「セーブ時間」を意識する … 048	
025	「30秒以内に見つかるか」というルールを徹底 … 049	
026	「残業はいつだって非効率」と考える … 050	
027	アイゼンハワー・マトリクスを使って、時間の割り当てを決める … 051	
028	80:20の法則を味方につける … 052	
029	書類やスライドは半分に。「不完全」でよしとする … 054	
030	仕事に入る儀式を決めて、レジスタンスを乗り越える … 055	
031	1日の最初の30分で一番回避しているタスクに手を付ける … 056	
032	立ち止まってしまいそうなときに「先送りメモ」を付ける … 057	
033	5分間だけ取り組み「ダンジョンの大きさ」を測る … 058	
034	パーキンソンの法則で「自分締め切り」を設定する … 059	
035	1年の目標を横目に、四半期の目標を繰り返す … 060	
036	音声認識で、歩いている時間も書類が書ける … 061	
037	ATOKやTextExpanderに「よく使う文章」を登録 … 062	
038	TextExpanderで穴埋めメール術 … 063	
039	Markdownで高速に文章を書く … 064

SECTION 02

タスク管理

「 小 さ な 勝 利 を 積 み 重 ね る 」

040	ToDoリストを作って仕事をラクにしよう … 066	
041	ToDoリストの紙と書き方にもこだわる … 068	
042	やらないことリストを作っておく … 069	

- 043 ToDoのフォーマット(1) ノートブック … 070
- 044 ToDoのフォーマット(2) ポスト・イット … 071
- 045 ToDoのフォーマット(3) ロディア … 072
- 046 ToDoのフォーマット(4) 情報カード … 073
- 047 ToDoのフォーマット(5) 個人用ホワイトボード … 074
- 048 ToDoのフォーマット(6) 組み合わせて使う … 075
- 049 ToDoのフォーマット(7) パソコンやスマートフォンのアプリを使う … 076
- 050 タスクに「動詞」を入れると実行力が上がる … 077
- 051 1枚の紙から、アクションを次々に撃ち出すDoingリスト … 078
- 052 ToDoリストの「ゾンビ」タスクは不安を明らかにしてくれる … 079
- 053 クローズ・リストを意識してタスクを増やさない … 080
- 054 「この場所に来たら通知」してくれる機能を活用する … 081
- 055 GTDの考え方(1) 頭を空にしてストレスフリーになる … 082
- 056 GTDの考え方(2) 「頭を空」にするときの3つのコツ … 084
- 057 GTDの考え方(3) 2分でできることはその場でやってしまう … 085
- 058 GTDの考え方(4) 「次のアクション」をひたすら回していく … 086
- 059 GTDの考え方(5) ToDoはコンテキストで管理する … 087
- 060 GTDの考え方(6) 週に一度はタスクを頭の外に追い出す … 088
- 061 マインドマップで大きな仕事を具体化する … 089
- 062 ブレイクダウンとボトムアップを使い分ける … 090
- 063 ロケットスタート──20%の時間で80%を完成させる … 092
- 064 致命的な「ショーストッパー」を意識する … 093
- 065 作業を「下り坂」でパーキングする … 094
- 066 終わった仕事はテンプレート化する … 095
- 067 タスクダイエットを心がける … 096
- 068 ファースト・タスクを決めておく … 097
- 069 メールからタスクを剥ぎ取る「インボックス・ゼロ」法 … 098
- 070 Inbox by Gmailでメールを未来に先送りする … 099
- 071 Boomerangでメールの送信時間を未来に設定する … 100
- 072 モレスキンノートでGTDを実践する … 101
- 073 Evernoteでタスクを管理する … 102

074	マルチプラットフォームのToDo管理サービス、Todoistを使う	…103
075	パソコンで活用できるタスク管理アプリ&サービス5選	…104
076	スマートフォンで活用できるタスク管理アプリ	…106

集中力・ストレス対策
「やる気も仕組み化」

SECTION **03**

077	48:12時間分割法とダッシュ法	…108
078	「シングルタスク」を心がける	…110
079	似た仕事は「バッチ処理」を基本にする	…111
080	ポモドーロテクニックでより「長いペース」を作る	…112
081	パソコンとスマートフォンの通知をすべて切ってみる	…113
082	電話とインターネットを引き抜いて作業する	…114
083	自分の「脱線パターン」を意識しておく	…115
084	まとまった仕事が終わるたびにパソコンを再起動する	…116
085	タスクに点数をつけてバランスさせる	…117
086	気の進まない仕事は「選択」に置き換える	…118
087	選択肢とやりがいを都合よく調整する	…119
088	スタンディングデスクで集中力を高める	…120
089	会話のなかで相手の名前を使うことで記憶する	…121
090	記憶力を底上げする「記憶の宮殿」を建ててみる	…122
091	長くて複雑なパスワードを暗記するコツ	…124
092	フルパワーで生きるための睡眠の10-3-2-1ルール	…125
093	緊張とストレスをときほぐす呼吸法をSpireで学ぶ	…126
094	怒りを制御するための3つのテクニック	…127
095	落ち込んだときは、自分を肯定する言葉を大量に投下する	…128
096	ホワイトノイズで集中力を上げ、ストレスを下げる	…129
097	好きな音楽を入れた「ブースター・プレイリスト」をつくる	…130
098	昼寝の最適時間は10〜20分	…131

CONTENTS

099	Sleep Cycleで一番眠りの浅い瞬間に目覚める	…132
100	チェックリストでささいな失敗を防止する	…133
101	自動化できるものはすべて自動化する	…134
102	自動化するかどうかの目安は節約時間ではなく、利用回数	…135
103	IFTTTでウェブと生活を自動化する	…136
104	出勤・退勤時間を自動的に記録する	…138
105	iPhone／iPadの自動化はWorkflowで	…139
106	バックアップを確実にする「3-2-1ルール」	…140
107	Backblazeでバックアップを自動化する	…141
108	Hazelでデスクトップのファイルを自動的に整理する	…142
109	時間を生み出す究極の修行「プログラミング」を学ぶ	…143

SECTION 04 読書・情報収集・学習
「情報は減らして管理する」

110	「情報ダイエット」でセンスをみがく	…146
111	情報を集めるタイミングと読む時間をずらす	…147
112	フロー情報は3つに分流して処理する	…148
113	Googleアラートで情報に向こうから来てもらう	…150
114	RSSで情報を1カ所に集約する	…151
115	嫌なニュースはそもそも見ないという選択	…152
116	二次情報サイトに時間をかけてはいけない	…153
117	Nuzzelで友人・注目する人のシェアしている情報を受け取る	…154
118	フィルターバブルを意識して情報元を増やす	…155
119	使いこなしたいGoogle検索のテクニック	…156
120	毎週金曜日にアルバムを1枚買う	…158
121	コンテンツとの偶然の出会いを意識する	…159
122	すべての紙はデジタル化すると誓う	…160
123	コンパクトな断裁機を家庭か職場に確保する	…162

124	毎年提出する書類をデジタル化して記入する	…163
125	Evernoteを使いこなすための3つのノートブック	…164
126	「読まない」ことが読書の極意	…166
127	「速く読む」ために、頭の中の声をマントラで抑制する	…167
128	速読の代わりに、いくつもの本を同時に読む	…168
129	毎日の「読書ジャーナル」をつくる	…169
130	Audibleを使って本は耳で聴いてしまう	…170
131	記事を耳で「読む」ためのPocketの読み上げ機能	…171
132	洋書を短い断片に分けて送信してくれるSerial Reader	…172
133	知的限界を突破する「ディープ・ワーク」の時間をもつ	…173
134	集中的特訓で10000時間の練習を加速させる	…174
135	学びのジェットストリームを維持する	…175
136	Lyndaを使ってスマートフォンでスキルを学ぶ	…176
137	オリジナル発音記号で英語の発音を正確にうつしとる	…177
138	クリップボード履歴ツールは、小さな縁の下の力持ち	…178
139	Gmailの検索をマスターする	…179
140	アプリケーションランチャーを使わない手はない	…180
141	職場のメールを、Gmailで送受信する設定	…181
142	duetでiPhone／iPadを外部ディスプレイにする	…182
143	クラウドストレージをメインの作業場所にする	…183
144	Gmailのメールの固有リンクを活用する	…184
145	Gmailフィルターでメールを1通でも減らす	…185
146	デスクトップを「押し出しファイリング」で管理する	…186

SECTION 05

発想・アウトプット・思考
「自分だけのアイデアがある」

147	アイデア法(1) すべての発想はリミックスである	…188
148	アイデア法(2) 大量の悪いアイデアをつくる	…189
149	アイデア法(3) 「執着期間」で狂ったように発想する	…190
150	アイデア法(4) 情報カードの星座でパターンを見出す	…191

151	シャワーのなかでアイデアが浮かぶ理由	…192
152	テーマを決めて、歩きながら考える	…193
153	梅棹式「こざね法」でアイデアの断片をストーリーにする	…194
154	アウトライナーで、マクロとミクロの思考をつなぐ	…195
155	記憶を記録に変えるユビキタス・キャプチャーの習慣	…196
156	ユビキタス・キャプチャーをモレスキンで実践する	…198
157	ユビキタス・キャプチャーをスマートフォンで実践する	…199
158	ブログは、情報アウトプットの最高のトレーニング	…200
159	1日に10万字を読んで、5000字をアウトプットする	…201
160	小さな違いが、スライドを個性的に見せる	…202
161	プレゼンの印象が一変する「体を開いた」姿勢	…203
162	自然なプレゼンは1分あたり400文字を目安にする	…204
163	録音でプレゼンの「あー」「えー」を根絶する	…205
164	怒りや不安を、メールや手帳に書いて積み下ろしする	…206
165	利き手と逆の手を使ってマインドフルネスを体感する	…207
166	ハッカソンを個人的に開催する	…208

SECTION 06　コミュニケーション＆チーム
「味方は増やせる」

167	すべてのミーティングは「対話メモ」にしておく	…210
168	仕事のメールはすべてアーカイブする	…211
169	Noといえないなら「Yes, but」を取り入れる	…212
170	他人の「No」はこのように理解する	…213
171	会話から抜け出すために、自分自身に電話をかける	…214
172	嫌な人の言動は「ハンロンの剃刀」を通して見る	…215
173	ザイオンス効果を利用して気難しい人を味方にする	…216
174	相対せずに横に並ぶとケンカにならない	…217
175	会話ではカメレオン効果を意識して、相手の姿勢を真似る	…218
176	フランクリン効果で相手の好意を引き出す	…219

177	人間というコンテキストでタスクを管理する	…220
178	チームの運営は「心理的安心感」を尺度にする	…221
179	チームの仕事のプロトコルを決めておく	…222
180	ミーティングの進め方を決めておく	…223
181	「立ち話」のアイデアをチームと同期する手段	…224
182	全員の週間タスクを貼り出しておく	…225
183	チームのタスクを付箋で管理する	…226
184	複雑な仕事はツーマンセルで行う	…227
185	短所は長所──異なる才能で仕事を高める	…228
186	他人にふった仕事は、次の日・中間日・3日前に確認する	…229
187	転職活動やチャンスは「弱いつながり」のなかで探す	…230
188	P時間とM時間の両方を持つ	…231

SECTION 07 日常生活・旅行
「ちょっとした快適さを」

189	片付け前に写真を撮影してイメージ作りをする	…234
190	「使用中・保管中・飾り」で持ち物を分類する	…235
191	1日1箱の整理術	…236
192	「紙→デジタル」のフローを机の上に作っておく	…237
193	ScanSnap Cloudで書類を全自動で整理する	…238
194	未来に書類を飛ばせる43 Foldersシステム	…239
195	マグネットシートで空中にものを整理する	…240
196	無印良品のEVAケースで小物を縦に整理する	…241
197	思い出の品は捨てずにminikuraで保管する	…242
198	冷蔵庫をすっきり収納できる3つのアイテム	…243
199	モレスキン・ハック(1) あこがれの手帳を使いこなす定番ハック	…244
200	モレスキン・ハック(2) 拡張ポケットに窓をつくる	…246
201	モレスキン・ハック(3) 写真シールでページを賑やかに	…247
202	モレスキン・ハック(4) テンプレを透かして使いこなす	…248

203	レゴで身の回りの小物を自作する…249	
204	手帳を彩る手描きアイコンを覚えておこう…250	
205	紙全体を使って、大量のアイデアを「キャプチャー」する…251	
206	百均でも買える代用モレスキンと情報カード…252	
207	繰り返し使う書き込みは自作スタンプにする…253	
208	「指差し確認」を生活にも取り入れる…254	
209	充電ケーブルとバッテリーは行き先とカバンの数だけ買う…255	
210	出張の準備を「指令書」にしてかばんに隠しておく…256	
211	扇風機のあて方で暑い部屋を冷却する…257	
212	毎日行う小さなトレーニングで、ゆるやかに健康を維持する…258	
213	水を定期的に飲んで疲労を避ける…259	
214	TrackRで「なくし物」をスマートフォンから探せる…260	
215	イヤホンのケーブルは8の字で巻いて絡まりを防ぐ…261	
216	充電ケーブルの断線はマスキングテープで防ぐ…262	
217	アフォーダンスを利用して傘の持ち去りを防ぐ…263	
218	写真で髪型のテンプレートを保存する…264	
219	防水から簡単な修理にまで使えるダクトテープ…265	
220	旅行で役立つミニマルな無印良品のアイテム…266	
221	Googleのオフラインマップを旅先で活用する…267	
222	現地の人が使っているクチコミサイトを活用する…268	
223	時差ボケを防ぐために重要な3つのポイント…269	
224	時差を調整するサービスを活用する…270	
225	長時間フライトを快適にする3つの方法…271	

SECTION 08 習慣化・やめない技術
「人生を変える小さな習慣」

226	「やめない」仕組みをつくる…274	
227	行動の回数を数えて調整してゆく…276	

228	習慣のフィードバックループを意識して行動を変える	…277
229	習慣のトリガーとして優秀なのは「時間」と「場所」	…278
230	新しい行動の「習慣リボルバー」を撃ち続ける	…279
231	フランクリンの13徳目習得法	…280
232	鎖を途切らせない「サインフェルド・メソッド」	…281
233	手作り手帳の「習慣トラッカー」を使う	…282
234	新しい習慣をすでにある習慣に「接ぎ木」する	…283
235	チャリティーを開いて習慣化を応援してもらう	…284
236	続けないとお金が引き落とされるBeeminder	…285
237	悪癖メモでやめたい行動を断ち切る	…286
238	3種類ある「意志の力」を意識する	…287
239	暗示の力でダイエットをする	…288
240	毎日記録したい、3種類のライフログ	…289
241	写真は10倍撮影して、毎日1分の動画を撮影する	…290
242	AI時代に向けて、仕事を投げる訓練をしておく	…291
243	「30日チャレンジ」で人生を楽しく変えてゆく	…292
244	人生マッピングで長期的思考を俯瞰する	…293
245	安心領域を攻略して不可能を可能に変えてゆく	…294
246	究極のライフハック習慣としての瞑想	…295
247	ライフゴールを次々にかなえてゆく	…296
248	ライフスタイルのインフレに注意する	…297
249	「変」であることを、どこかに持つ	…298
250	人生の航路をゆっくりと変える	…299

おわりに …300

参考文献 …302

ブックデザイン	小口翔平＋三森健太（tobufune）
図版	斎藤充（クロロス）
イラスト	瀬川尚志
DTP	ニッタプリントサービス

・本書では、™、©、®、などのマークは明記しておりません。
・本書に記載されている会社名、製品名は、各社の商標、または登録商標です。
　また、掲載されている意匠は各社に帰属します。
・本書によって生じたいかなる損害についても、著者ならびに㈱KADOKAWAは責任を負いかねますので、あらかじめご了承ください。
・本書の内容は、2017年10月末現在のものです。

SECTION 00

始めよう
「人生を変える
7つのライフハック」

HACK
001

ハンドルを少し切るだけで行き先が変わってしまうように、小さなハックがあなたの人生を変えていきます。毎日を小さな勝利に変える、この7つの習慣から始めてみましょう。

HACK
007

HACK 001 人生を変えるなら、時間の使い方を極端にする

　人生をなんらかの形で変えたいなら、すぐに実行することができる、最も速い方法は**「時間の使い方を変える」**ことです。

　仕事の仕方でも、余暇の過ごし方でもいいでしょう。趣味に使う時間、テレビやネットや本にあてる時間、交友にあてる時間、自己研鑽に使う時間、ただぼうっとしている時間──さまざまな時間の使い方がありますが、それがいつしか惰性に陥って足踏みをしていると感じているなら、時間の使い方を極端な方向に振ってみてください。平均的な使い方から一気に変えてみるのです。

　たとえば日本の20〜30代のテレビの視聴は平日でも平均130〜160分、ネットの利用は平均90〜140分に達します。これは時間の長さもさることながら、さまざまな方向に時間の使い方が分散しているということでもあります。これをすべて切り替えたら何が起きるでしょうか？

　読書やスキル習得の学習に割り当てるのでもいいですが、テレビの時間をすべて「あるジャンルの古今東西の映画の視聴に使う」「あこがれの作家の作品をすべて筆写する」「百科事典を最初から読む」といったことでもよいのです。**平均的な時間の使い方からは平均的なことしか生まれません。**時間の使い方をレーザーのように何かに集中させたときに、そこには成長や発見や驚きが待っているのです。

質より量を攻める

　時間の使い方を集中的にするということは、量を攻めるということでもあります。それは必ずしも完成された何かを作らなければいけないということではありません。

　作家のジュリア・キャメロンは毎朝3ページ、とりとめもなくただ筆を

走らせるだけの文章を書く「モーニング・ページ」という習慣を提唱していますが、そんな一見意味のなさそうな繰り返しも、やがて膨大な蓄積となって、本物のクリエイティブさを生み出すことにつながります。同じように集中的にブログを書いたら何が起きるでしょうか？ 絵を練習したら？ 運動をしたら？ ただ瞑想をしたら？

時間がかかると思い込んでいるものを攻略

　時間の使い方を変えれば、もっと長い時間がかかると思っていたことにも手が届くようになります。

　たとえば新しい言語を学ぶために必要な時間は、完璧なネイティブ並みを目指すなら何年もかかりますが、旅行と会話に必要なくらいならば、数週間でクリアできます。日常会話に必要な単語数はたいていの言語で700〜1000くらいと言われますので、ここを集中的に攻めて例文だけを覚えるのです。1日がさまざまな時間の使い方に分散していたら無理なことが、極端な時間投下で可能になるのです。

　人生の何かを変えてみたいと思っている人は、まずは小さなことでかまいませんので、こうして時間の使い方を変えることで自分の中に変化の芽を生み出してください。**人生は変えられる、その小さな革新が、やがて大きな変化も可能にする**のです。

HACK 002 決断するスピードを加速する

　AなのかBなのか、やるかやらないのか、どれを選び、何をあきらめるか——私たちの日常は大小の判断や決断にあふれています。

　たとえば昼ごはんを食べるためにレストランを探していて、最初に見つけた場所に入るのか、それとももっと別の店を探すのかという判断があったとします。前者はシステム科学者のハーバート・サイモン氏が「満足化（Satisficing）」と呼ぶプロセスを使って十分と思われるものを選択しているのに対して、後者は結果を最大化するために判断を遅らせることに対応しています。

　面白いことに、どちらが正解だったのかわからない場合には、**前者の「満足化」を行った人のほうが「最大化」のアプローチをした人よりも自分の決断に満足する傾向がある**ことが知られているのです。

　失敗を避けるために情報を集めて吟味することは大事ですが、これ以上は決断するだけだという点にやってきたら、その瞬間に決めてしまうほうがよいのです。

判断に迷ったらコイントスで決める

　判断がつかないような悩ましい状況に陥ったときには、コイントスで決めてしまうというテクニックがあります。

　乱暴だと思われるかもしれませんが、このハックには一つの工夫があります。コイントスをしてAと決まった際に、どうも心がざわめいて落ち着かないならば、実は心の奥底ではBにしたいと思っていたのだと判断して、そちらを選ぶのです。

　コイントス自体は、自分自身の本心を引き出すためのブラフだったというわけです。

　同じように、状況を説明することもせずに「AとB、どちらがいい？」

と他人に決めてもらうという方法もあります。面白いと思ったほうにする、頭文字が五十音順で若いほうにするなど、ルールはなんでもかまいません。それに対する自分の心理的なリアクションをもとに本当の決断をその場で下します。

これは先ほどの「満足化」の効果をテクニックで作り出す仕組みで、あなた自身の決断への満足度を向上してくれる効果もあるのです。

同じ判断を2度しないようにする

決断を速くするには、「**同じ判断は2度しない**」ということも重要です。たとえば買い物でAかBか迷ったあげく、いつもAになってしまうということがあるなら、それはルールとして最初からAを選ぶというふうにしたほうが決断は速くなりますし、満足度もむしろ増える傾向にあります。

本を買うかどうかといった悩みも「2000円以下の書籍は自動的に買う」というルールにしておけば、決断を減らすのに効果があります。

決断を速くすれば、もっと決断ができるようになります。小さなことでも決断の速度を加速させることが、大きな判断の素早さも決めるようになるのです。

HACK 003 言葉を換えれば性格は変えられる

"Fake it till you make it."という言葉があります。うまくゆくまでは、うまくいっているフリを続けよという意味で、成功はそれを真似る人のところにやってくるという心強い言葉でもあります。

言葉は性格によって変わります。しかしそれを利用して、**なりたい自分の言葉を真似ることで性格を変えることもできる**のです。

自己啓発書のバイブルと言っていいスティーブン・コヴィー氏の『7つの習慣』には、主体的に考えるために選べる言葉がいくつか紹介されています。

- 〜しなくてはならない → 私は、そうすることに決めた
- 〜でないとだめだ → 〜のほうがいいと思う

といったようにです。ネイル・フィオーレの"The Now Habit"には、仕事を先送りしそうなときに使える言い換えが紹介されています。

- やらなければ → どこから始められるだろうか
- この仕事は大きすぎて無理だ → 最初だけやってみよう
- 遊ぶ時間なんてない → 遊ぶ時間を忘れないようにしないと

このように肯定的な言葉をあえて選ぶことによって、人は肯定的になれるのです。

性格を穏やかにしたいなら穏やかな言葉を、自信を持ちたいなら自信のある言葉を真似ます。たとえば「俺」を多用しすぎる男性は、一人称を「私」や「僕」に換え、語尾を必ず「です」「ます」にするだけでも見かけの性格や雰囲気は変わり、やがてそれが本物になります。言葉を換えることは、変化を先取りすることでもあるのです。

言葉だけでなく、姿勢にも同じことがいえます。自信があるから背筋が伸びて顔が明るくなるのではありません。自信がなくても、あえてそういうポーズをとるところから、小さな変化が始まるのです。

HACK 004 すべての場所にメモとペンを持ち歩く

　もっとアイデアを生み出したい、もっとクリエイティブな個性を発揮したいと思うなら、**すべての場所にメモとペンを持ち歩きましょう**。どんなにつまらないと思うようなことでもメモしていきます。

　すべての場所というのは、本当にすべてです。メモを持たずに外出してはいけませんし、自宅の中でもメモが常に手元になくてはいけません。慣れてくれば、トイレのために席を立つときでさえ、意識せずにメモに手が伸びるようになってくるでしょう。

　書き留めるのはやってきた仕事のメモ、スケジュールのメモ、アイデア、本や映画の感想、思い出したこと、心の中の風景、なんでもかまいません。

　ほとんどの人は、情報を受け取ることはできても、心の中に生まれたことをアウトプットすることは苦手です。常にメモをする習慣はそれを解きほぐし、しだいに自分の考えや思いを描写する力がついてくるようになります。常にメモを持ち歩くことで、いつ何時そうした感興におそわれてもキャプチャーできる備えになるのです。

　最初は、たとえば映画を見ても「楽しい」「つまらない」ほどの粗い表現しか出てこないかもしれません。しかし回数を繰り返すうちに、楽しいと喜ばしいの間や、退屈と無関心の間といったように、微妙な感情を意識し、書き留めることができるようになります。

　こうしてアウトプットの解像度を高めることが、自分にしか表現できないアイデアを表現するための基礎となるのです。

　以降のセクションではHACK055のように頭を空にするまでタスクを書き出すことや、HACK155のように忘れる前からメモする習慣など、すべての感興をメモすることの重要性が繰り返し登場します。

　それを、素早くメモすることさえできるなら、誰もがクリエイティブで独創的な心を持っているのです。

HACK 005 心の中のヒーローに悩みを打ち明ける

　悩みが生じたなら、心の中にいるヒーローにそれを聞いてもらいましょう。

　欧米には"What will Jesus do？"（イエス様ならどうされるだろうか？）という質問を立て、そばに立って話を聞いてくれる存在としてのイエス・キリストに問題を預ける人が多くいます。古典の『神曲・地獄篇』でダンテがヴェルギリウスを先導にし、詩人のペトラルカが「告白」でアウグスティヌスに心の奥底を打ち明けたように、あこがれの存在を頭に思い描いて問題解決のきっかけにするというのは、昔から存在するテクニックなのです。

　そこで私たちも**私たちなりの悩みを、心のヒーローや、本などで知っているメンターに問いかけて、聞いてもらえばいい**のです。

　それはどんなにつまらないことでもかまいません。仕事の優先順位から人生の岐路まで、悩んだときに「スーパーマンならどうするだろうか」「バットマンならこれを引き受けるだろうか」といった思考で、悩みを試してみるのです。

　これは遊びのようでありながら、判断にある種の明快さを持ち込んでくれます。自分の視点では混乱している思考を、より高い規範から紐解くことが可能になるからです。

　ヒーローはえてして単純で、ピンチに対し動ぜず、悩み苦しみながらも結局のところはなすべきことをパンチの形で繰り出します。そして一見くだらないことを訊くからこそ、この方法は有効なのです。

　あなたの小さな質問にヒーローなら、何と答えるでしょうか。

「この打ち合わせには嫌な予感がするけどどうだろう」「断れ」
「この会社に転職するのでいいだろうか」「大丈夫だ。行け」

　背中を押すヒーローの声は、実はあなた自身の心の声に他ならないのです。

HACK 006 機会にはすべて「イエス」と言う

　人生における小さな成功の多くは幸運からやってきます。そして**偶然をより多く呼び込むことで、幸運を作り出すことも可能**です。
　どうも最近運が悪い。壁にぶつかっているようで前進している感じがしないというときは、日常のルーティンを変えてみましょう。
　それは、職場からの帰り道を変えること、書店に行って開いたことのないジャンルの本を探すこと、混じったことのない人々のグループに飛び込むことなど、ちょっとしたことでかまいません。
　これを仕組みとして実践するには、ジム・キャリー主演のコメディ映画『イエスマン』のプロットに似ていますが、ルールとして**機会があるたびに必ず「イエス」と言ってから飛び込んでみるのがよい**でしょう。意識的には選択しない行動を、仕組みとして呼び込むことで、偶然の数を増やしていきます。
　あるものに「イエス」と言いはじめると、いかに私たちが無意識に「ノー」と言っているかが見えてきます。面倒だから、怖いからといった理由で遠ざけていたチャンスを、「イエス」が引き寄せてくれるのです。

HACK 007 小さな習慣で、毎日を「小さな勝利」にする

　ライフハックは、人生を変える小さな習慣です。大きな目標がある場合でも、人生を大きく変えたいと思っている場合でも、実行できるのは一見つまらない、小さな行動からという考え方です。
　習慣というと、努力して継続しなければいけないような、大変なもののように聞こえます。しかし無理なく日常に組み込むには、毎日実行することができる、やる気や気分に左右されないくらいに簡単なものをいくつも組み合わせることでよいのです。

鍵習慣とサポート習慣を積み上げる

　"Habit Stacking"の著者S. J. スコット氏は**大きな目標を「鍵習慣」と「サポート習慣」の積み上げで実現する**ことを提唱しています。
　たとえば「健康的に生活する」という鍵習慣について考えるなら、体重計に乗る、食前に水を意識的に飲む、来週の献立を考える、エレベーターではなく階段を使うといったものは、5分以内にできる簡単なものです。このように「健康」という目標を中心にして、それをサポートする習慣を複数同時に取り組むわけです。
　スタックに入っている習慣はすべて毎日実践しなくてもよいのがポイントです。毎日実践することで効果が発揮されるものもあれば、週に1回で十分なものもあるのですから、目的に近づいてさえいるなら、習慣の積み上げはうまくいっているのです。

毎日を小さな勝利にする

　小さな習慣で人生を変えるときには、その過程も楽しみましょう。
　幸せは、習慣を身につけ、努力をして、何かを手に入れたり誰か

に認められたりした結果として与えられるものではありません。

　むしろ**小さな習慣を実践すること自体**が、「小さな勝利の感覚」となってもっとそれを繰り返したくなるようにできれば、毎日を楽しむことができる上、その習慣が未来への扉を開いてくれるのです。

　私がアメリカの高校にいたころ、英語の先生が毎日1ページの英文を書く宿題を出していたことがありました。内容はなんでもよく、とにかく毎日1ページを6週間連続で埋めるのです。

　最初はそのペースに悩まされ、書くネタに困ったものの、この分量ならばきっと『三国志』を紹介できると気づいてからは毎日のその課題が楽しみになってきました。次の6週間、課題が1日2ページに、そして4ページに増えていったのにも気づかないほどです。最後の6週間の最後のページを無事に五丈原のシーンで終え、これほど熱中した宿題もなかったと告げたところ、先生は笑顔で「おめでとう、これからは1日に何ページでも書けますよ」と言いました。

　それは本当でした。1日に1ページの執筆を繰り返した結果、私の書くスピードは10倍以上上がり、ネタも素早く探せるようになり、なによりも書くこと自体が喜びになっていました。課題がなくなってからも、私はずっと書くことを続けています。

　みなさんも、小さな習慣を繰り返すところから、人生をゆるやかに変えてみてください。

　次の1ページをめくるところから、その旅は始まるのです。

SECTION 01

時間管理

「時間は増やせる」

タイマーを片手に、時間を測ってみましょう。時間を正確に意識すれば、時間は「生み出す」ことができます。自由な時間から、ライフハックは始まるのです。

HACK
008

HACK
039

HACK 008 時間は分・秒まで正確に意識する

あなたは最寄りの駅まで歩くのにかかる時間をご存じですか？

5分、15分といった、大雑把な時間ではありません。晴れた日に、無理のないスピードで歩いた際にかかる正確な時間を、分・秒に至るまで把握しているかという話です。雨の際にはどれだけ長くかかるでしょうか？　別の道を歩いた場合には？

たとえば私は車で通勤していますが、平均的な日には行きが28分、帰りは別の道を使ったほうが速いので平均24分だということを知っています。しかし、周囲の会社の退勤時間とかぶってしまう18時前だけは別です。17時40分までに移動を開始しなければ、帰り道の時間は混雑で平均5分増えてしまうのです。これは私が、自分の出勤・退勤を何百回も計測したことから知った経験則です。

時間を「なんとなく」使わない

上に挙げた通勤時間の測定の例は極端かもしれませんが、朝食の時間はいつも何時なのか。いつも入浴にどれだけの時間を使っているのか。会食をして帰る場合、何時くらいまで遅くなり、そのために次の日にどれだけ睡眠不足になるのか。これらはすべて意識して測ることができます。**測定をすることで、私たちは時間をより細かく意識することができる**のです。

ここでいきなり結論に飛びついて「それならば食事時間を5分節約しよう」「お風呂は手早く入ろう」などと考える必要はありません。時間を正確に測るのは、どこで時間を大雑把に使っているのかを把握するために行うからです。

これは、時間を1日の長さの物差しだと考えるとわかりやすいでしょう。時間を30分、1時間という単位でなんとなく使っていると、目盛り

の数は多くても24〜48個です。しかしもっと細かく時間を把握したなら、この目を細かくすることができます。**時間は増えていないのに、意識の「時間分解能」を上げることができる**のです。

「毎日やっていること」を測るルーティン・メモを作る

　時間の使い方を意識するために、まずは起床時間と睡眠時間、食事の時間、出勤・退勤といったような、毎日やっているルーティン的なものを1週間ほどメモしてみましょう。

　繰り返しになりますが、まだこの段階で、時間を節約しようと考える必要はありません。まずは自分の時間の使い方のクセを知ることが必要だからです。

　慣れてきたら、時間の使い方に対するあなたの気持ちも一緒にメモしてみます。この就寝時間はちょっと無理があった、この時間に帰ることができると調子がいいみたいだといった具合にです。

　実は、この簡単な「ルーティン・メモ」をつけるだけで、時間の見方は変わってきます。

　高い時間解像度で日常を見ることで「ここで5分早く行動すると結果が違う」あるいは「残業は思ったほど効率がよくない」(HACK026)といったことが見えてくるからです。

　時間を正確に意識すれば、時間は増やすことができるのです。

HACK 009 | 時間の見積もり（1）タイマーを常に持ち歩く

　1通のメールを書くのに何分かかっているのか、実際にタイマーをかけて測ってみましょう。すると、ふだんなんとなく「5分くらい」「10分くらい」と思っていた作業が、思った以上に時間を使っていることに気づきます。

　1通のメールが平均3分だと思って測ってみると、実際には書き始めるまでに手間取っていたり、誤字脱字や敬語を調整したりしているうちに10分かかっていたということもあるのです。**まずはその間違った想定を徹底的に測ることで明らかにしましょう。**

　このときおすすめしたいのが、タニタのTD-370Nバイブレーションタイマーです。TD-370Nには時計表示と、カウントダウン・カウントアップのタイマー機能が備わっており、音を出さずともバイブレーションで知らせてくれるところが、オフィスで利用するのに向いています。

　こうしたツールでまずは1通のメール、1枚のスライド、1件の電話といった仕事の上での基本動作を、陸上のタイムを測るのと同じ感覚で測定し、次にそれぞれのタイムを絞ってゆくのです。

タイマーの定番、タニタTD-370N

HACK 010 | 時間の見積もり（2） メールにかける時間は1分を基本に

　メールは1日に何通も処理するだけに、少し工夫するだけで大きなメリットが得られます。目標は高めに、**メールを書く時間は1通あたり1分を目指してみましょう**。ちょっとした準備を先にしておけば、それほど難しいことではありません。

　たとえば、メールに返信する際に1行、多くても3行で返事ができないか試してみます。やってみると驚くほど多くのメールが、冗長な前書きと説明をはぶいて1行程度の文章で済むことに気がつきます。

　実際にメールを書くことより、書き出すまでのほうに時間がかかっている人も「1分ルール」を適用して、素早く1行の下書きをしてしまいます。こうすることで心理的な負担が軽くなり、すぐに書き上げることができますので、あとは送り主の行と挨拶の行をコピー＆ペーストして送るだけとなります。

　短いメールを心がけることには、もう1つメリットがあります。長いメールには長い返事がやってきがちですので、あえて短く返信することで相手から届くメールもしだいに簡潔になってくるのです。

HACK 011 | 時間の見積もり（３） 電話に使う時間は３分が限度

　電話は、作業を中断させられる"割り込み"の中でも最悪のものです。あらゆるコミュニケーションのうち、電話ほど暴力的に時間を奪うものもありません。電話は、チャットやメールではどうにもならないやりとりを行うための最終手段として、十分な理由があるときだけに利用するべきものなのです。

　しかし、かかってくる電話は常に一方的です。人によっては、ゆっくりと会話をすることを前提として電話をかけてきている場合もあり、なかなか切らせてもらえません。

　こうしたことを避けるために、電話がかかってきたときには、**たとえ予定がなくても「いま３分しかありませんので」と切り出してから話しましょう**。この一言だけで、相手は長話のつもりでいた電話の用件を手短に話してくれるようになります。

　「電話にまったく出ない時間」を作ることも重要です。ふだんから周囲の人に「午前中は集中しているので電話には出られない可能性がありますので、メールにしていただけると助かります」と口にしていると、自然にそうした習慣が周りに浸透することも多いので、試してみる価値はあるでしょう。

　留守電を利用して、「かかってきた人を選ぶ」というテクニックを実践する人もいます。着信音量を無音にしておき、電話がかかってきても相手が留守番電話のメッセージを入れるのを待ちます。多くの場合は留守番電話の録音を待たずに電話が切られますが、そうしたものは重要な用件ではないので気にしないようにしましょう。

　もし留守番電話に実際にメッセージを入れ始めたなら、その時点で受話器をようやくとります。これは極端な方法ではありますが、電話に対してはここまで厳しい選別をすることも選択肢に入れてよいのです。

HACK 012

時間の見積もり（4）
時間差で使えるメディアを意識する

電話のように、突然割り込んでくる上にリアルタイムでの対応を迫るメディアは、できるだけ少なくしなければいけません。

たとえばメールやチャットも突然やってはきますが、対応は時間差でもよいので、電話よりも優れているといえます。特にチャットは、時間差でもリアルタイムでも選んで返事できる利点があります。

同様に、ゲーム、ネットサーフィンといったものを含め、**あらゆるメディアは「時間差で対応できるか」「時間が拘束されるか」の2軸で考える**ことで、優先すべきものが見えてきます。

たとえばテレビの生放送やゲームは電話と同じくらい拘束されますので、両方楽しんでいたら時間が足りなくなりますが、友人とのLINEはそれほどでもありません。そこで、時間を拘束するメディアは1日に1つしか選択できないといったように決めてしまいます。

リアルタイムは限りなく貴重です。リアルタイムでこそ、私たちは友人や家族と過ごし、人間らしい行動をするのですから、時間差で使えるメディアを活用しつつ、リアルタイムを守るようにしましょう。

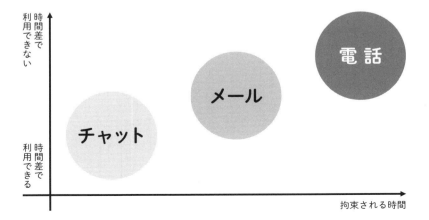

HACK 013 「時間の見積もり」は必ず失敗することを想定して2倍にする

「この仕事にはこの程度の時間がかかる」という見積もりを立てたとしても、実際にはその見積もり通りに進むことはほとんどありません。

これは心理学者であり行動経済学者のダニエル・カーネマン氏がエイモス・トベルスキー氏とともに1979年に「プランニングの誤謬(ごびゅう)」として報告した現象として知られています。

たとえば学位論文を書くのにどれだけの時間が必要かを問われた学生たちは平均して33.9日、最悪を想定しても平均48.6日で完成すると答えたのに対して、実際にかかった時間は平均で55.5日となったように、未来にかかる時間の想定は一貫して楽観的で間違った傾向をもつというものです。

大事なことは、これは**仕事の仕方が下手だから起こることではなく、私たちの認知のクセそのもの**だという点です。いくら現実的に見積もったつもりでも、その見積もりは認知のレンズで歪んでしまっているのです。

これに対抗するには、**最初に時間の見積もりを行う際に、単純にその値を2倍にしておく**ことが有効です。「3時間でできそうだ」と思ったものは6時間に、「1日でできそうだ」と思ったものは2日として時間を割り当てるのです。

また、過去にその仕事がどれだけ想定以上に時間がかかったかというデータがあるなら、それを参考にすることもできます。「作業自体を簡単化して減らすのでなければ、過去の記録以上に早く完了するのは不可能だ」という想定で、プランニングをするのです。

プランニングの誤謬は時間だけでなく、予算の見積もりや、売上の想定など、さまざまな場所に潜んでいます。避けることは困難ですが、「想定には系統的な誤りがある」と知っておくことは有益です。

HACK
014

RescueTimeで時間を「見える化」する

　作業をしているつもりが、気になるたびにメールをチェックしたり、関係のないウェブサイトをいつまでも見たりして、時間をムダに過ごしてしまったという経験をお持ちの方は多いでしょう。

　こうしたとき、**時間トラッキングサービス**を使ってパソコンの作業時間を「見える化」することで、時間の使い方を客観視できます。

　時間トラッキングサービスは、パソコンに小さなプログラムをインストールすることで、いつどの作業に何分を使い、どのサイトに何分アクセスしたのかを明らかにしてくれます。一定時間以上SNSにアクセスしていたら警告を発するように設定することも可能です。

　私が愛用している時間トラッキングサービスはRescueTime（英語版のみ）ですが、このサービスは仕事に関連するアプリやサイトと、そうではないものを把握しており、その日どれだけ生産性が高かったかを数値でまとめてくれるという機能があります。

　たとえば時間トラッキングサービスのデータから「午後にSNSで時間をムダにしがちだ」と意識できたなら、そこにペースよく実行できる作業を配置することで、脱線を未然に防ぐことができるのです。

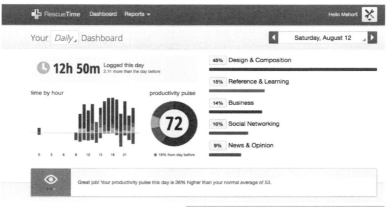

RescueTimeで1日の時間の使い方を表示

HACK 015 24時間テンプレートを作ってみよう

　自分の時間の使い方が意識されはじめたなら、次に作りたいのが**24時間のテンプレート**です。

　HACK008で「ルーティン・メモ」を作った際に、どのような時間の使い方をしたときに1日がうまくいったのか、どこが最も固定されていて、どの部分が不規則なのか、そろそろ見当がついていることと思います。

　それを今度は「24時間をこのように使いたい」というテンプレートとして設計してゆくのです。

　何時に起床し、何時に就寝すると調子が良いのか、そのためには何時までに出勤して、何時までに退勤するのが理想的なのかといったことを、24時間の枠の中に当てはめて、パターンを作っていきます。

　「24時間テンプレート」は、その通りに過ごさなくてはいけないという厳格なルールではありません。**時間の使い方がこのテンプレートに近い状態だと、全体として調子が良い**という経験則を書き起こしたものなのです。

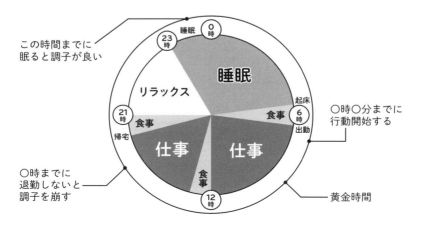

ときには飲み会に参加するなどして、このテンプレートの行動から逸脱することもあるでしょう。その場合は睡眠が何時間減るのでどこで休息を確保するのか、読書や余暇の時間が犠牲になった分をどこで取り戻すのかといった判断を意識的にできるようになればよいのです。

固定時間と、フローティングの時間

24時間テンプレートを作ると意識できるのが、「固定時間」と、移動可能な「フローティング時間」です。

たとえば起床時間、食事の時間といったものは概ね固定時間なのに対して、余暇の時間、読書の時間などといったものは移動可能なものです。

24時間テンプレートを作る際に、ぎっちりと生産性の高い状態で時間を埋め尽くしたいという衝動にかられますが、それは現実的ではありません。

時間の使い方に余裕がなくなれば、たとえ生産性が高くても毎日の楽しさは失われてしまいます。そこで、**固定時間を十分なフローティング時間で挟むことで、時間に余裕をもたせて**おき、自由意志で選ぶことができる部分を確保しておくようにします。

読書や学習などのように繰り返すことでしだいに効果が発揮されるものについては、「時間ができたらやる」というフローティング時間にしておくよりも、固定時間にもっていき、それをテレビやゲームといった「自由時間で選ぶことのできる時間」で挟んでおくといった工夫も有効です。

このように24時間テンプレートは、1日の時間を習慣化する部分と、その日しだいで気ままに使える部分とのバランスを打ち立てるために使うのです。

HACK 016 「通勤時間を見直す」ために引っ越しを検討する

　毎日の時間を測定するようになり、24時間テンプレートも作ってみると、固定していて動かすことができない時間が気になってくるものです。

　食事、入浴、睡眠といったものは生活のために必要なものですから、減らすことも動かすこともできません。しかし通勤時間はどうでしょうか？

　住んでいる場所にもよりますが、さまざまな調査によれば大都市圏での通勤にかかる時間は45分から1時間程度の人が3割近くと最も多い一方で、1時間半から2時間かかる人もなかにはいます。

　年間の通勤日数を250日ほどと考えると、片道2時間通勤の人が年間で移動にかける時間は約1000時間、41.6日分にもなります。これを**片道30分短縮するだけでも250時間、10.4日分の時間を解放することが可能になる**のです。

　職場の場所や家賃の問題、あるいは住む場所の好みなどもありますので一概には言えませんが、もし通勤時間が24時間の使い方の負担になるほどであるなら、もっと近い場所に引っ越しをするか、ラクな移動経路を検討する価値はあります。

「時間をすりかえる」考え方

　もしそれが不可能ならば、「通勤時間を別の時間とすりかえる」という視点で活用することが必要になってきます。

　職場で行うはずだったメールのチェックやちょっとした雑用をスマートフォンで済ますことで、通勤時間を擬似的なオフィスタイムに変えてしまい、固定時間を活かします。そして、その分だけ早く退社する動機づけにするのです。

HACK 017 自分の黄金時間にドラゴン（最難関タスク）を倒す

すべての時間は平等ではありません。

時間あたりの能率が非常に高い時間帯もあれば、何に手を付けても集中力がもたず中途半端になってしまう時間帯もあります。

そのため「今日は8時間あるので、8時間分の作業ができるはず」と考えるのは危険です。それではアクセルを全力で踏むべき時間にブレーキを踏み、上り坂になったあたりで速度を出そうとやっきになるようなものなのです。

多くの場合、**十分な睡眠を取ったあとに目覚めて1〜2時間経ったあたりが集中力が最も発揮される時間帯**です。作業によっては、たとえば数時間かけて簡単なプログラミングをしたあとで難しい部分にとりかかると、非常に高度な思考をラクにできるという人もいるでしょう。

この、極めて高い集中力が発揮できている時間帯は、数週間ほどかけて、カレンダーのなかにそれがいつだったのか、どんな条件下だったのかを記録しておきましょう。それがあなたの成果の大半を生み出す**「黄金時間」**なのです。

ある程度条件がわかってきたら、その黄金時間用のタスクを意識して準備しておきます。一番調子が良い時間に、一番難しいタスクを倒してしまうわけです。

欧米のライフハッカーにはこれをゲームになぞらえて、難しいタスクのことを「本日のドラゴン」と呼ぶ人もいます。「今日倒さないといけないドラゴンはこれだ」と把握した上で、自分が最も効率的にそれを倒せる時間を選んで、そこに集中投下するのです。

ドラゴンさえ倒せたなら、あとはすべて"雑魚"ですから、1日の成果を気にする必要はないのです。

HACK 018 | メールを朝一番に見てはいけない

　朝、オフィスに到着したとき、あるいはもっとひどい場合には、目が覚めたときにスマートフォンを手にとってメールをチェックしていないでしょうか？

　メールはたいてい「お願い」という形で、あなたに反応を迫ります。つまり能動的に重要性を設定して行う仕事ではなく、リアクションとしての仕事が大半なのです。

　見てしまったら、リアクションを起こさざるを得ないことが多いでしょう。それを1日の最初の、最も集中力が高い貴重な時間帯に行うのはあまりにもったいないのです。

　あらゆる仕事の連絡がメールで来る時代ですので、メールが来ているかどうかがとても気になるのは当然です。しかし、メールをチェックする時間は意識的に制御しないといけません。

ゆっくりメールチェックを宣言する

　ちょっとズルい考え方ではありますが、メールを見なければ、それはまだあなたにとっては「存在しない」も同然です。**オフィスに着いて最初の1～2時間はメールチェックをしない**ようにしましょう。メールは、重要度の高い能動的な仕事をしてから、できる限りゆっくりチェックするようにしましょう。

　職場の雰囲気によってはこうした習慣は秘密にしてこっそり実践するのでもいいですが、周囲が許すようならば「自分は朝10時までメールは見ません」と宣言してもよいでしょう。

　さぼっているのではなく、ポリシーとして一貫性のある運用をしている限り、意外に周囲はそれに合わせてくれるものです。

HACK 019 プランニングは「日・週・月」に分けて別々に

　1日の計画は前日のうちに立てておくことが、次の日になってからあわてるよりも上手な時間の使い方であるのはいうまでもありません。

　しかし、週の計画や、月の計画はどうでしょうか？ 1日の計画とは別に時間をとって立てているでしょうか？ 1週間の計画と1カ月の計画には長期的な視点が必要です。そのために、**プランニングの時間も、1日の計画を立てる時間とは別に作っておく必要があります**。

　たとえば、週の計画には以下のものを含みます。

- カレンダーに記入し損ねている予定はないか
- 移動時間を含めた前後の予定を計画しているか
- 来週の仕事のために割り当てられる時間はどの程度か
- 十分な休息と余暇を割り当てているか

　また、月の計画には以下を含みます。

- 締め切りまでの日数はどの程度か
- 逆算して今のうちに始めたほうがよい遠い予定はないか
- 予約、調整が必要なスケジュールはないか

　週のプランニングはHACK060で紹介する週次レビューの習慣とあわせて、金曜日の午後といった休暇の前に行うのがよいでしょう。それに対して1カ月のプランニングは月の初めに行い、見通しを立てておくのが最善です。

　プランニングの時間そのものを、歯医者の予定のようにカレンダーに入れておくことも重要です。プランニングの時間は未来の自分との約束としてあらかじめ押さえておくと、行動を起こしやすくなるのです。

HACK 020 すべての予定はクラウドにまとめる

紙のカレンダーを使うのはやめましょう。

スケジュールはもはやGoogleカレンダーやアップルのiCloudカレンダーといったようなクラウド上で管理するほうが、時間を生み出すことができます。

クラウドのほうが勝っている理由は、スマートフォンと同期できる点や、他の人とのスケジュールの共有など、いくつかありますが、最も大きいのは「**いくらでも予定を入力できて、検索もできる**」点です。

多くの人は、まだ紙のイメージでクラウド上のカレンダーを使っているために、入力する情報がとても限られています。そこで、仕事、趣味、家族の実際の予定だけでなく、確保したい時間、移動にあてたい時間、このように行動するつもりといった曖昧な予定も含めて、「**10倍の情報量**」を目安に埋めていってみましょう。

いくら予定を入れても検索で絞り込めるというスタイルが身につくと、確定した予定だけでなく、時間に関するすべての思いつきをカレンダーにとりあえず入れておく使い方に変わります。

紙のカレンダーでは無理でも、クラウド上のカレンダーなら積極的に行いたいのが、「予定をカブせる」こと。たとえば2時間の読書時間を確保するつもりでいたのが、仕事がずれこんでカブってしまった場合も、カレンダー上で重ね合わせて管理します。

重なった分はどこかで取り戻さなくてはいけない時間として、目で見て調整するのがラクになる。これもクラウドの利点です。

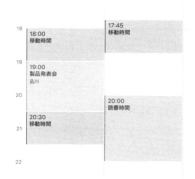

あえて予定を重ねて管理する

HACK 021　カレンダーは10種類作って組み合わせる

　クラウドのカレンダーのもう1つの利点は、いくらでもカレンダーの種類が作れ、情報を「仕事」「個人」といったように分流して管理できるところです。

　仕事については、「他人との約束」のように動かせない予定と、「自分で決めた作業時間」といった動かせる予定のカレンダーを別に管理すると便利です。また、予定の前後の移動時間の管理や読書するつもりで割り当ててある時間といったような時間の可視化も意識するようにします。たとえば以下の10のカレンダーが参考になるでしょう。

- 仕事（動かせない）：会議、約束など
- 仕事（動かせる）：自分の作業時間、コアタイム
- 家庭・個人（動かせない）：約束、お迎え
- 家庭・個人（動かせる）：外出予定など
- 雑用：郵便局、銀行などといった雑用
- 移動時間：予定の前後の移動時間の管理
- 記念日：誕生日、結婚記念日、命日など
- 余暇：遊び、読書などの時間割当
- 成長：学習時間
- テンプレート：起床、就寝、食事時間などのテンプレート

　すべてのカレンダーの予定にそれぞれ色を割り当てて重ね合わせれば、たとえば仕事がどれだけ余暇を圧迫しているか、十分に休息や読書時間が取れているかといった可視化が可能です。

　HACK023の「アンスケジュール」の考え方を取り入れて、あらかじめ余暇を先に入れてその周囲に仕事の予定を入れるためにも、複数カレンダーでの管理は便利なのです。

HACK 022 予定は1時間単位でなく、30分単位で

　多くのカレンダーアプリでは新しい予定を作った際にデフォルトで1時間の予定が作成されるようになっています。うっかりこの設定のまま使っていると、漫然と予定を1時間単位で作ってしまうようになってしまうので、**設定は15分、あるいは30分に変更しておくようにしましょう**。

　また同様に、アプリが対応しているならばカレンダーの表示を紙のカレンダーと同じように1カ月にするのではなく、1週間、あるいは2週間表示にしておくことで直近の予定の解像度を高くすることができるのです。

　せっかく時間を15分、30分といったように高い解像度で意識できるようになったのですから、それをさまざまな場所で応用することにもチャレンジしましょう。

　たとえば他の人と予定を決める際にも、なんとなく「3時から1時間ミーティング」といった決め方をしないようにします。1時間と設定してしまうと、特に議論する内容がなくてもミーティングは割り当てられた予定を満たすように膨らんでしまうものです（HACK034「パーキンソンの法則」を参照）。

　これを避けるために、ミーティングの時間をわざと「15時15分から16時まで」「15時半から16時まで」といったように、ちょっとずれた時間からちょうどよい時間まで1時間以下になるように設定してみます。

　実際にやってみると、15〜30分短くしても会議やミーティングの内容の濃さはあまり変わらないことが多いはずです。

　これまでなんとなく1時間単位で動いていた予定を、すべて30分単位、あるいは15分単位にしてゆくことで、時間をより細かく刻んで作業を進めることができるようになるのです。

HACK 023 「余暇の時間」をあらかじめカレンダーに入れておく

　多くの人は、読書や外出などといった楽しみのための余暇の時間を「引き算方式」で管理しています。
　すなわち、1日24時間あるなかから仕事を引き、必要な移動時間を引き、食事などといった必要時間を引いて、残った時間を睡眠時間と天秤にかけて……余りがあるならやろう、といった具合にです。
　仕事が多忙な時期には、そうした計算も仕方ないかもしれませんが、それが常態化するのは絶対に避けなければいけません。
　HACK008で自分のルーティンを記録して、HACK015で「24時間テンプレート」を作ったのも、調子良く毎日を過ごすためにどれだけの余暇や楽しみのための時間が用意されていないといけないかを知るためでした。その状態から長い間逸脱していては、結局は無理が積み重なって全体の効率を下げてしまうことにつながります。
　そこでおすすめしたいのが、ネイル・フィオーレ氏の"The Now Habit"で紹介されている「アンスケジュール法」です。これは、**仕事などよりも先にカレンダー上に余暇や楽しみの時間を最初から入力して「ここは聖域である」と決めておく**という考え方です。仕事は、そうした余暇の制限を避けた時間内でやるようにします。
　この「聖域」の時間を完璧に守ることは難しいものの、アンスケジュール法の面白いところは「この日の夕方は映画を見る」「この日は何もしない夜を過ごす」といったように自分の日常を楽しく力づけてくれる予定を先に割り当てておくと、残りの仕事などの時間も上手に管理できるようになるという点です。
　制限がなければ、時間の使い方は必ず肥大化します。ですから逆に最初から「仕事や義務はこの時間内にやらなければ」と考えることで効率化のきっかけが見えやすくなるのです。

HACK 024 「ロード時間」と「セーブ時間」を意識する

　ゲームを始める際に、"Now loading"とデータを読み込む画面が表示されるのはおなじみだと思いますが、1日のはじめにも同じように、**スケジュールやタスクをロードする時間**が必要です。

　ここで、タスクやスケジュール自体をチェックするだけではなく、その周辺の時間や作業量も見積もっておきましょう。出先でミーティングがあるなら、その移動時間は確保できているでしょうか？ タスクを実行するにあたって、成立していない前提条件はないでしょうか？

　また、同時にこなせる予定は束ねてしまい、そもそもやらなくてもよい雑用はこの時点で削除しておくようにもしましょう。いうなれば、これは1日の予定の「最適化」の作業なのです。

　カレンダーとタスク管理のシステムがすでにあるなら、この「ロード時間」は10分ほどあれば十分です。朝食の際に、あるいは出勤時の電車のなかといった固定した時間と場所で済ませるように習慣化しましょう。

　同様に、1日の終わりには**「セーブ時間」**も必要です。これは翌日のスケジュールとタスクが漏れなく記入できているかをチェックする、やはり10分ほどの時間です。

　これを「頭で覚えているからいいや」と、おろそかにしてはいけません。頭の外に出して、信頼できる場所に記入することでリラックスして休むことができるのです。

　「セーブ時間」も行う時間と場所を決めるのが大事ですが、就寝前というよりは、それ以降は仕事について気にしないと決めた時間に「セーブ」を行いましょう。そうすることで、仕事から切り離された休息時間をもてるようにします。

HACK 025 「30秒以内に見つかるか」というルールを徹底

　手帳、財布、携帯、筆記用具といった日常の小物から、直近の予定、現在取り組んでいるプロジェクトのToDoなどといったデジタルのものまで、使用する頻度の高いものがすぐに見つかるようになっているでしょうか？

　1つの指標として、こうした使用頻度の高いものについて**30秒以内に見つけ出せないならば、整理方法になんらかの調整を行う余地がある**といえます。

　たとえば手帳や財布ならば室内に固定した置き場所がないと、場所を見失いがちです。カレンダーの予定も定期的に記入漏れがないかをチェックする仕組みが必要ですし、デジタルのToDoリストを使っているならそこへのブックマークやショートカットを作るなどといったように、近道を作ることができます。

30秒ルールを応用

　この30秒ルールはしだいに拡張させてゆくことができます。

　読もうと思っている本、最近クリップしたウェブサイトのリンク、契約書や保険証といった重要書類といったような、決して使用頻度が高いとはいえないものについても、30秒でどこにあるかを見つけ出すことができるかどうかをチェックしておきます。

　また、この指標は逆に利用することもできます。30秒以上何度も探しているようなものについては、それは使用頻度が高いものであると意識して、置き場所や管理方法を明確にする――といったようにです。

　探しものに時間をかけてしまうたびに「30秒でこれを見つけるにはどのように保管すればいいのか？」を考えて次に備えるわけです。

HACK 026 「残業はいつだって非効率」と考える

　1日8時間の現場の作業量を、たとえば10時間に引き延ばすことによって、実際に工期は短く、仕上がりは同程度になるのか？　そんな研究が建築の分野で行われたことがあります。

　結果は、週40時間の労働を25％増やして50時間にしても、時間あたりの効率が16〜24％低下し、その疲労は次の日に残ってしまうためにそれほど得をしないか、損をすることさえあるというものでした。

　この研究は肉体労働に対するもので、知的労働の疲労とは直接比較できない可能性がありますが、**残業中の時間あたりの能率が低い**ということは間違いありません。

　これを、次のような悪魔との取引と考えてみるとわかりやすいかもしれません。

　悪魔が、「これからn時間、残業時間という追加の時間を与えよう」ともちかけるのです。ただし、

- 1時間ごとに効率は10％ずつ下がっていく
- そして明日の効率もさらに10％ずつ下がってゆく

　このような条件だったとして、どの時点でこの取引は損になるでしょうか？

　答えは、**効率の悪い時間の前借りですので、「最初から損」**ということになります。多少の効率低下を受け入れても明日までにやる仕事があるのでない限り、これは最初から負け戦なのです。

　実際には締切と作業量、他人との約束や納期といったさまざまな要素が入るので、ここまで単純ではないかもしれません。しかし「残業は効率の悪い時間の前借りである」ということを意識して、トレードオフを考えることは、生産性を1日で考えるのではなく、週で、月で考えるうえで重要なのです。

HACK 027 アイゼンハワー・マトリクスを使って、時間の割り当てを決める

「私は2つの問題を抱えている。1つは緊急で、もう片方は重要なものだ。しかし、緊急なものは重要ではなく、重要なものは決して緊急であることがないのだ」――これはアイゼンハワー元米大統領の言葉とされているものです。この言葉から「**アイゼンハワー・マトリクス**」と呼ばれる、仕事を緊急度と重要度で振り分ける図が考案されました。

しかし、これは頭ではわかっていてもなかなか仕事をしている最中には思い出しません。

そこで、このマトリクスを印刷し、点数を書き込んでおくという工夫をすると効果が出ます。たとえば非緊急で重要なものは10点、緊急で重要なものは5点、緊急で非重要なものは1点、非緊急で非重要なものは0点という具合に割り当てるのです。

仕事に時間を割り当てる際には、点数を意識しながら「それがマトリクスのどこにあるのか」を書き込み、いわば「仕事の門番」として機能してもらいます。誰も0点の仕事はしたくないという心理を使って、重要な仕事へと向かう引力を強くしておくのです。

	緊急	非緊急
重要	実行すべき作業 **5点**	長期的な目標や計画 **10点**
非重要	雑用 **2点**	消すべきタスク **0点**

HACK 028　80：20の法則を味方につける

　少ない時間で、もっと大きな生産性を上げるためのコツは何でしょうか？　それはもっと努力することでも、もっと才能に頼ることでもありません。**最も重要な部分に集中して時間を投下する**ことです。
　このとき参考になるのがパレートの法則、俗に「80：20の法則」と呼ばれている経験則です。
　イタリアの経済学者ヴィルフレド・パレートは富の再分配の不均衡や農作物の収量の偏在などといったものを研究するうちに、さまざまな現象に独特な偏りがあることに気づきました。たとえば80％の利益は20％の顧客が生み出している、仕事の成果の80％は全体の20％の作業部分から生まれているといったようにです。
　80：20は一種の目安で、指数関係が成り立つ場所ならば90：10といった関係になることもありますが、その本質は同じです。数少ない重要なものが成果やトラブルの大半を支配しているのです。
　この法則を意識すれば、最も結果に結びつく20％の部分に時間を集中投下することで、短時間で成果を確保することができるのです。

80：20の法則を仕事の管理に利用する

　たとえば、10ページの企画書を10日間で作っていたとしましょう。こうした書類で最も大事なのは、企画の新規性や独自性をアピールしている1～2ページほどだったりします。
　すると、この2ページさえ満足がゆくようにできているならば、残りの8ページは相対的に時間をかけずともよいのですから、**時間の使い方もこれを反映して徹底的に不平等にするのがパレートの法則を取り入れるためのコツ**です。
　たとえばこの2ページのために5日間をかけてクオリティを上げておく

なら、残りの8ページは趣旨説明や資料などといった雑用ですので、2〜3日で済ませてしまい、全体として短い時間でクオリティの高い成果を生み出すことができるのです。

このように、仕事をしている際に「この仕事は成果につながる20%の重要な部分かどうか？」を自分に問いかけながら行うことが重要になります。

また、時間の使い方もパレートの法則から力をもらえるように配置することができます。**成果の80%を生み出す20%部分だとわかっている重要なタスクについては必ず朝一番の、最も集中力が高まっている時間を割り当てる**といったようにです。

パレートの法則はトラブルを減らしたり、困難を乗り越えたりするのにも重要な考え方です。全体の効率を下げてしまう原因の80%が20%の最も面倒な場所から生まれているとわかっているならば、それをあらかじめ想定しておくのです。

たとえば、スキルを学習する際に教科書の問題をすべて解く時間がないならば、最も重要な基礎を身につけることができる20%を集中的に学ぶことで時間あたりの効率を上げられます。

「いま自分は80%を生み出す20%に取り組んでいるのか？」は時間を上手に使うための魔法の掛け声なのです。

HACK 029 書類やスライドは半分に。「不完全」でよしとする

　パレートの法則の応用例として、実際に仕事にあてはめるときにわかりやすいのが、書類やプレゼンの作成です。

　枚数の指定のない書類の作成の仕事がやってきて、最初に「これは10ページほどになりそうだな」と思ったなら、**目安としてそれを半分にして、同じ内容を5ページで作れないか**というところから始めます。プレゼンのスライドの枚数も、最初につくったアウトラインが20枚なら、それを10枚にするか、1枚あたりの情報を半分にカットできないかを検討します。

　真面目な人であればあるほど「でもそれでは不完全なものになってしまう！」という気持ちがわいてくるかもしれません。しかしその「不完全」というのは、頭のなかで想定している理想的な出来栄えに比べてのことであり、実際は書類やプレゼンの枚数が半分だからといって、怒る人はめったにいません。

　最初から分量を半分にすることで、クオリティにほとんど寄与しない細かい部分にあてる時間をカットしてしまうのが、パレートの法則を意識した作業量の見積もり方なのです。

　もうひとつ、仕事の見積もりを最初から半分にすべき理由は、作業はあとから減らすのはムダが多いうえに難しいのに対して、あとから増やすのは足りない部分を付け足すだけですからコストが低いということが挙げられます。

　つまり、10ページのつもりで書いた書類を7ページにするのにかかる作業量は、5ページのつもりで始めたものを7ページにするよりも大きくなりがちなのです。

　英語には「完璧を追い求めることは愚か者の所業」という慣用句があります。見積もりの段階では"完璧"を捨てて、あえて不完全さを求めるほうが、時間の使い方としては賢いのです。

HACK 030 | 仕事に入る儀式を決めて、レジスタンスを乗り越える

　作家のスティーブン・プレスフィールドは、彼の創作の秘密について解説している"The War of Art"で、重要な仕事であればあるほど膨れ上がる恐怖―**レジスタンス**―について解説しています。
　この恐怖こそは「そんなに真面目にやらなくてもいい」「ちょっとSNSを見るくらいは害がないだろう」というふうに私たちをそそのかす、心の中の声です。そしてそれは、私たちが怠惰で心が弱いから生じるのではなく、どんな人のなかにも存在して、慣性の法則のように私たちを前進させないように全力で阻むものなのです。
　スティーブンは、このレジスタンスに打ち勝つには、仕事をする「プロ」にならなくてはならないと説きます。この場合のプロとは、成功にも失敗にも執着しすぎず、できるかできないかにもとらわれない、ただ、目の前の打席に立ち続けることができる人のことを指しています。

自分の「儀式」を持つ

　このようなプロとして仕事をするために、スティーブンは作業を始めるときの流れを**「儀式」**にすることを勧めています。
　同じ時間に席につき、同じ手順でファイルを開き、レジスタンスを昨日退けたのと同じ順番で、作業にとりかかります。もし今日、うまくいかなかったならば、そのことで自分を責めることはやめ、次の日の打席のために調整を計画します。
　ここでいう「プロ」とは、それでお金を稼いでいるかとは関係がない、その仕事を、その仕事のゆえに繰り返すことができる人のことです。ですので、ブログをプロのように書いても、家族との生活をプロのように生きてもよいのです。

HACK 031 | 1日の最初の30分で一番回避しているタスクに手を付ける

ブライアン・トレイシー氏の"Eat That Frog!"は、タスク管理や、時間管理の本のなかではもはや古典となっています。

その最も重要なテーマは、優先度の高いタスクが残っているうちに、優先度が低いものをしてはならないという**「カエルを食べる」**ルールです。

「カエルを食べるのが仕事ならば、朝一番にそれをすませれば1日にそれ以上にひどいことは起こらないだろう。そして2匹を食べなくてはならないなら、大きいほうから片付けるべきだ」

マーク・トウェインの言葉と誤って伝えられているこの警句は、最も回避している仕事を朝一番に行うことの重要性を教えてくれます。

「意志」に頼らない

しかし大事なのは、ただ「重要なものから始めよう」と、意志の力にまかせることではありません。むしろ、この**「カエルを食べる」時間を特別な時間にするために入念に準備する**ことが、その成功を左右するのです。

そのためには、朝一番に仕事を開始する前に、できれば前の晩のうちに、次の日に最初に行うタスクを決めておきます。また、この最初の30分は邪魔のない、言い訳を許さない時間にするべく、ミーティングなどは入れないようにします。

この30分で重要なタスクが完了しなくても問題はありません。まずは取り組み始め、1日に弾みをつけるほうが重要だからです。

HACK 032 立ち止まってしまいそうなときに「先送りメモ」を付ける

　仕事を前にしてどうしても手が止まってしまう。いつまでもグズグズと手を付けることができない。そうした「先送り」は、なにも私たちが怠惰だから起こるのではありません。

　"The Now Habit" の著者のネイル・フィオーレ氏は、先送りは不確定な未来に対する恐怖やストレスに対する対抗手段として自分たちで生み出す心の防御姿勢であると指摘しています。

　それは心の不安が生み出している見えない壁のようなものですから、安心を与えてあげることでその力を削ぎ落とすことができます。

　そうした安心感を作り出す手法の一つに**「先送りメモ」**があります。これは、先送りをしたくなる衝動を意識したら、そのときに感じている恐れや不安を隠さずに言葉にしてしまうというものです。

　実際にメモをつけてみると、恐れの多くは理不尽であることに気づきます。たとえば失敗するのが怖いという不安は「失敗するつもりで仕事をしている人はいない」「最初から完璧にする必要はない」ということに気づくことで、自分を客観視できるようになります。

　あとは、こうしたメモを利用して自分への話し方を変えてみましょう。

- 失敗するかもしれないので怖い　→　失敗するのは怖いことだが、なるべくそうならないようにこういう手を打ってみよう
- 完璧にできないかもしれないので怖い　→　まず最初は形にしてみよう。そうすれば方向性が見えるはず

　心の壁は、実は自分で自分に対してかけている呪いのようなものなのです。「先送りメモ」でそうした呪いに気づくことができれば、それを解除するヒントも見つかるはずです。

HACK 033 5分間だけ取り組み「ダンジョンの大きさ」を測る

　仕事が先送りされてしまう理由の一つに「どれだけの時間と労力がかかるかわからない」というものがあります。

　これはちょうどRPGのゲームで、どれだけの広さで、どれだけ強い敵がいるかわからないダンジョンの入り口で、それ以上踏み込めずに逡巡している状態です。現実世界にはコンティニューという選択肢がありませんので、死んでしまうような困難があるかもしれないと思ったら、足踏みをするのは自然な反応です。

　しかし本当に、コンティニューはないのでしょうか？　実際には、何もせずに何日も過ぎてしまうよりも、取り組んでみて失敗し、やり直したほうが時間は節約できます。そういう意味では、締め切りがやってこないうちは、いくらでもコンティニューは可能なのです。

　そのように気持ちを切り替えても、失敗に対する恐怖が大きいときは**「とりあえず5分だけ取り組んでみよう」**と、タイマーをかけて作業を開始してみます。

　5分では仕事の入り口部分が見えるだけですが、少なくともどのような手順が必要で、どの程度大きな仕事なのかの輪郭が見えてくるはずです。先ほどの例でいうなら、「この程度の大きさのダンジョンなのか」というイメージができあがるのです。

　5分だけ始めてみたら、意外に15分、30分と作業ができてしまう場合もあります。しかし、ここで調子にのってはいけません。「まだ自分は入り口を調べているだけだ」「まずは全体像をつかんで退却しよう」という具合に、"出口につながった糸"を離さないようにしつつ、先送りの気持ちが消えるところまで、ゆっくりと進んでいきましょう。

HACK 034 | パーキンソンの法則で「自分締め切り」を設定する

　締め切りを設定して仕事をすると、ちょうどその締め切りの日に仕事が終わる。そんな体験をしている人が多いと思いますが、考えてみればこれは不思議なことです。なぜ、締め切りの1日前や、2日前ではなく、その日に終わるようになるのでしょう？

　歴史学者シリル・ノースコート・パーキンソンは、イギリス帝国が縮小時に役人の数が増え、仕事の量はそれにあわせて減るのではなく、むしろ増えていたという現象の観察を通して、それをのちに**パーキンソンの法則**と呼ばれることになる格言としてまとめています。

「仕事は、それに対して与えられた時間をちょうど埋めるように増えてしまう」

　つまり、締め切りを2週間先にしたならちょうど2週間先に、1週間先にしたならちょうど1週間先に終わるように、私たちは仕事をしてしまう傾向にあるのです。締め切りが先にあると思うと、無意識のうちにペースを落としたり、余計な作業を付け加えたりして、ちょうど締切日に終わるようにしてしまうのです。

　この法則を知っていれば、これを逆手に使うことができます。**現実の締め切りよりもずっと前に自分だけの締め切りを設定し、そこに向けて作業をしてゆく**のです。目安としては、現実の締め切りの半分ほどの期間を設定することで、仕事に余計なぜい肉をつけないようにするのがよいでしょう。

　そうして仮の締め切りまでに仕事に形をつけて、現実の締め切り前まで必要な調整を行うことで、短時間でクオリティを下げずに作業を行えます。この手法は途中で別の仕事が入ってきたり、仕事の要件が変化したりした場合のバッファ時間を作ることにも使えます。

HACK 035 | 1年の目標を横目に、四半期の目標を繰り返す

　1年の目標を立てる人は多いと思いますが、1年というのは短いようでいて、目標に向けた取り組みをずっと実践するには長すぎます。

　1月に始めたものが12月まで続けられるかという以上に、途中で新たにやりたいことができたり、目標設定が変わったりするからです。1年という長さは、目標設定には向いていない場合もあるのです。

　ブロガーのクリス・ギレボー氏は、年末になると毎年「1年のレビュー」を行い、何がうまくいったのか、何がうまくいかなかったのかを1週間かけて客観的に評価することを恒例にしています。そのレビューの結果を受けて、次の1年の計画を作成するのですが、彼はそこで「四半期」をベースにした計画表を作ります。

　形式は自由ですが、そこには、

- 1年の概ねの目標
- それを実現するための四半期の目標
- 四半期ごとの締め日と調整の日程

といったように四半期の目標が1年の目標を作り上げるように作っておきます。要するに**1年の目標を4回に分けてしまう**のです。

　目標を四半期ごとにすれば、まるで1年に4回年末が来たかのように目標に向かう気持ちをリフレッシュできますし、四半期の締め日に達成度をチェックできます。そして、変化する状況にあわせて次の四半期の目標にも修正を加えてゆけるのです。

　「1年の目標」はむしろビジョンのようになり、四半期の、3カ月ごとの目標が具体性を帯びてくるようになります。

　これを2カ月ごとの6回に分割するのも、不定期にするのも自由です。1年間同じ目標に縛られるよりも、常に新鮮な目標からやる気を生み出すペースを作り出してゆくのです。

HACK 036 音声認識で、歩いている時間も書類が書ける

　歩いている時間に、素早くメモをとったり、メールの下書きをしたりできたら便利なだけではなく、ちょっと楽しくはないでしょうか。それを可能にするのが、近年精度が高くなった**スマートフォンの音声認識機能**です。

　音声認識のよいところは、完璧な原稿を音声で書けることではありません。むしろ歩いているときや、運転しているときといったように、本来なら文章の作成に使うことができなかった時間を活性化できるところにうまみがあるのです。

　私はすでに、本の原稿やブログの記事など、かなりの分量の文章を音声認識で書くようにしています。そのおかげで、**1日の執筆時間を変えることなく、執筆量を倍程度まで増やす**ことに成功しています。

　たとえば車で通勤する際、赤信号で止まるまでの間は次の段落に書き込むことを考えておきます。止まったら、スマートフォンに向かって約1ツイート分の文章をゆっくりと吹き込みます。こうして通勤の間に1200字ほどの草稿ができあがります。

　精度の高い音声認識をするコツは、とにかくゆっくりと話すことです。「。」「、」「…」といったものも、「まる」「てん」「さんてんりーだー」などと声で指定すれば入力できますし、「かいぎょう」もできます。

　こうして作った文章はたいてい2割ほどの誤変換などを含むのでそのままでは使えません。しかし完璧な入力ができなくとも、頭の中で考えていることが草稿としてまとめられていれば、あとでそれを修正すればよいので、全体の執筆スピードは飛躍的に速くなります。

　もうお気づきでしょう。この本も、原稿の半分以上は音声認識によって書かれているのです。

HACK 037 | ATOKやTextExpanderに「よく使う文章」を登録

　変換の仕方が覚えにくい人名や専門用語を何度もパソコンで打ち込むのは、結果が同じだけに時間のムダです。そうしたものをATOKなどの日本語変換システムの辞書に登録しておくことは、小さな時間短縮のために重要です。その延長で、もっと長い住所や、段落をまるごと登録してしまえば、さらに時間を節約することが可能です。

　たとえばATOKの辞書に住所や、メールのシグネチャを数種類、そして何度も送りがちなメールの文面をまるごと登録しておけば、それを一瞬で呼び出すことができて数秒から数分ずつ時間節約になるだけでなく、面倒な作業を瞬間芸にする気持ちよさを味わえます。

　そうした**辞書登録をさらにパワーアップさせたサービスとして、TextExpanderがあります**。TextExpanderはたとえば「.tx」といった短いキーワードを設定しておけば、それを登録した長文へと瞬間的に置き換えたり、置き換え後にカーソル位置を自動で動かしたりといったように入力を素早くする機能を提供しています。画像や太字などのスタイルをもったコンテンツも保存できるので、さまざまな場面で時間短縮に利用できます。

　目安としては、1日に3回同じ表現を手で入力しているようならば、辞書登録かTextExpanderに登録しておく価値があります。たとえば私は銀行口座を訊かれることが多いと気づいたときに「.bank」という短縮形で銀行名・名義・口座番号などを一瞬で入力できるようにしていますし、「.yo」と入力するだけで定型メールの書き出しから「よろしくお願いします」までの数行が入力されるようになっています。

　「入金先の口座を教えてください」とチャットで訊かれた際に、たったの1秒で返信をするといつも驚かれるのですが、TextExpanderはそれを苦もなく可能にしてくれるのです。

HACK 038

TextExpanderで穴埋めメール術

　前項で紹介したTextExpanderには、単純に短縮形を長文に置き換えてくれるだけでなく、さらに高度な置き換えを可能にする機能がたくさんあります。その一つが、**ポップアップ入力**です。

　これは長文の一部を穴埋め可能な空欄にしたり、プルダウンメニューで選択可能にしたりする機能で、その短縮形が呼び出されたときに入力することで文章を完成させることができます。

　たとえばメールの短縮形を作る際に、送り先の人の名前、用件、終わりの挨拶など、いくつかの選択肢を用意して定義しておきます。あとはこの短縮形を呼び出した際に画面上にポップアップしたメニューで選択をするだけでメールが完成してしまうのです。

　丁寧なメールを、誤字も気にしつつイチから作成するのは時間がもったいありません。すでに作ってあるテンプレートをもとに下書きを秒速で書いて、それに必要事項を追記して完成させるほうが、圧倒的に速いのです。

TextExpanderのポップアップ入力でメールを入力する

HACK 039 Markdownで高速に文章を書く

　ビジネス文書であっても、ブログ記事であっても、文章の構造というのはそれほど変わりません。表題があり、地の文章があり、そこに小見出しや、強調や、ときとして箇条書きやハイパーリンクが入るというのは、大部分の文章に共通しています。

　しかし、そうした文章をWordやHTMLなど形式ごとの約束に従って書くのは面倒ですし、互いの形式に変換するのは2度同じ編集をする必要が生じます。

　そこで時間を節約するために、文章はすべてテキストエディタを使って、Word形式やHTMLなどへの素早い変換が可能なMarkdown形式で書くというスタイルがしだいに広まっています。

　Markdownは15分もあれば学ぶことができ、どんなテキストエディタでも作成可能というメリットがあるだけではなく、フォーマットを意識しなくてよい分、執筆を大きく効率化してくれます。

　MacではUlysses、Bearなどといった美しいテキストエディタがMarkdownを軸にしていて人気を集めています。またWindowsではHaroopad、Markdown#Editorといった選択肢があります。

Markdown形式

```
# 1章：はじめに

Markdown形式を利用するとテ
キストエディタで **高速** に
文章を作成して様々なフォー
マットに変換できます。

* 箇条書きも
* 簡単に入力

できます。[リンクを挿入する]
(http://lifehacking.jp)ことも可
能です。
```

変換

Word／HTML／PDF

1章：はじめに

Markdown形式を利用するとテキストエディタで**高速**に文章を作成して様々なフォーマットに変換できます。

・箇条書きも
・簡単に入力

できます。<u>リンクを挿入する</u>ことも可能です

SECTION 02

タスク管理

「小さな勝利を
積み重ねる」

頭いっぱいに仕事やストレスを抱えていませんか？1枚の紙で、ちょっとしたテクニックを実践するだけで、そうした重荷を積み下ろすことができます。「タスク管理」で仕事をラクにしましょう。

HACK
040

HACK
076

HACK 040 ToDoリストを作って仕事をラクにしよう

　やるべきことをたくさん抱えていて混乱しそうなとき、1枚の紙に書き出すだけで頭を整理し、生産性を上げることができます。「**ToDoリスト**」を作ることは、仕事をラクにすることなのです。

　まだ仕事は片付いていないのに、それを書き出しただけでとたんに気持ちがラクになるのですが、その理由は私たちの脳が、複数のタスクを意識の中だけで管理するのが苦手だからです。気になることを書き出して客観視できるようにするだけで、頭脳にかかっていた負荷が減り、状況を整理する力が増すのです。

　ToDoリストを作る際には、いくつかのポイントに注意すると、リストのなかに書かれた仕事をさらに実行しやすくなります。ToDoリストは未来の自分に向けてボールを投げるのに似ていますので、自分がそれを受け取りやすいように、上手に送球するわけです。

よいToDoリストを作る3つのポイント

　ToDoリストに入れる項目をそれぞれ**タスク（仕事・作業）** と呼びます。よいToDoリストを作るためには、記入する時点でいくつかのポイントに従ってタスクを選別しておきましょう。

①「やるべきこと」と「できればいい」ことは分ける
　ToDoリストに入れるものは必ず「やらなくてはいけないこと」に限定します。
　「可能ならばやる」「できればいいな」と思っていることは、別の場所に保存しましょう。というのも、こうした希望や願望を入れているうちに、ToDoリストは時間と集中力の限界を超えて、肥大化してしまうからです。「やらなくてはいけないこと」が「できればいいこと」に追い

出されないように注意してください。

②優先度はつけない

　ToDoリストに、特に重要なタスクを赤字で記入して、優先度を示そうとする場合があります。しかし、これにも注意が必要です。多くの人は、優先度をつけることによって「こんなに重要な仕事があるぞ」と自分にプレッシャーを与え、自分に鞭を入れるように片付けようとします。

　しかし優先度マークをつけたからといって、それを実行する時間がなければ片付きません。優先するタスクの数が時間と集中力の残りと関係なく増えれば、結果的にストレスを生むだけです。

　優先度はむしろ「最初にとりかかることで気持ちがラクになるタスク」といったように、仕事を進める上での力になるものに限定するほうがよいでしょう。

③ToDoリストを不安のリストにしない

　おかしいと思われるかもしれませんが、多くのToDoリストにはそのままでは実行できない項目が含まれていることがあります。たとえば「○○のプロジェクトを進める」「A社の案件を片付ける」といったように、何を言っているのかはわかるのですが「進める」「片付ける」とは何なのか、明確ではない場合です。

　これは、ToDoリストを、「気がかりになっている不安のリスト」にしてしまっているときによく陥る状態です。

　こうしたときは、むしろその不安を逆手にとって、「○○部分のコーディングを仕上げてプロジェクトを進める」「Aさんに電話をかけて案件をクロージングする」といった具合に、何をすれば気がかりや心配から解放されるのかを書き出し、具体的なタスクに変えていきましょう。

HACK 041 ToDoリストの紙と書き方にもこだわる

ToDoに書かれた項目を達成できると、小さな勝利の感覚が生まれます。その感覚を磨くことで、さらに多くのタスクを気持ち良くこなせるように習慣が身につくのです。

ToDoリストを作るときは、そうした気持ち良さを追求するために、紙にも、書き方にもこだわってみましょう。

紙の大きさについては、小さなカードに書くのが好きという人と、A4、B4ほどの用紙を使ったほうが自在に書けて良いという人がいます。材質も、きれいな上質紙を使うのが好みという人、リーガルパッドのようなざらついた紙が良いという人、それぞれいます。

ToDoリストの書き方には大きく分けて、チェックボックスを丸や四角でつけて箇条書きにし、タスクが終わったらチェックボックスを埋めるやり方と、打ち消し線を入れるというやり方があります。

文字の大きさ、打ち消し線を一重にするか二重にするか、利用するペンなどといった違いは一見つまらないことのように思えますが、そうした小さなクセのなかに、タスクを完了したときの達成感の違いがあるのです。

紙の大きさ・材質	書き方・消し方	好みの書き方
	☑ 牛乳を買う ☐ 飛行機の予約を取る ~~牛乳を買う~~ 飛行機の予約を取る	○ 牛乳を買う ☐ 牛乳を買う

HACK 042 やらないことリストを作っておく

「やるべきこと」を整理することと同じくらい重要なのが、**「やらないこと」を明確に**することです。

1日の時間と集中力が有限である以上、歯を食いしばって努力しても達成できることには限界があります。むしろ「これはやらない」というものが多いほど、生産性の底上げが可能になります。つまり、

生産性 = 実行できる作業量 - 排除できる作業量

なのです。そのためにも、ふだんからルールとして「やらないこと」を決めておくことが重要なのです。

「やらないこと」とは、「ぼんやりとしない」「悩まない」といった曖昧なものではなく、むしろ「テレビを見ない」「関係のない会議に参加しない」といったように、時間を生み出せるものを選びます。

注意したいのは、これは「ストイックに生きよう」ということではない点です。たとえば、夜の飲み会とテレビを見ることを同時に実行できないようなときに、「自分はどちらを選ぶのか」といったように、自分の中の優先順位を立てておくことなのです。

「やらないことリスト」に入れるものの例を、以下に挙げます。

- 発信者が不明の電話に応じない
- 午前はメールに応じない
- 無関係な会議に出席しない
- どんな席でも飲酒はしない
- ソーシャルメディアは午後になるまで見ない
- まとめサイトや、時間のムダと決めたサイトは開かない

HACK 043 ToDoのフォーマット（1） ノートブック

　大量のタスクをいつでも持ち歩きたいならば、ノートにまとめておくのが定番です。

　システム手帳のToDo欄を利用する方法もありますが、たいていの手帳は書く場所が小さすぎますし、ある日に終わらなかったタスクを見返すのが面倒ですので、やはり白紙のノートがおすすめです。

　私が使っているのは、色と大きさも各種あるデルフォニックスの「ロルバーン」シリーズのノートですが、罫線の色や間隔にこだわってポケットサイズのコクヨCampusノートや、普通の大学ノートを選ぶのもよいでしょう。

　ノートをToDoリストに使う利点として、完了したToDoがそのまま仕事の履歴になることと、本の形をとっているので「最初から」と「最後から」の2方向から利用することもできる点があります。

　HACK040で「すぐにやるべきこと」と「できればいいこと」を分けるという話を紹介しましたが、「いつかやりたいこと」は後ろから書いてゆくことで、場所を分けて管理することができます。

ロルバーンでToDoを管理している例

HACK 044　ToDoのフォーマット（2）ポスト・イット

　紙にタスクを並べるのではなく、タスク自体をズラッと並べるほうがわかりやすいという人におすすめなのが、**ポスト・イット**です。

　ポスト・イット1枚につき1つのタスクを書き込み、それを配置して、直感的に「やるべきこと」を空間的に操ってゆくのです。

　しかし、パソコンの画面を1周するほどにたくさんのポスト・イットが貼り付けられた状態になるのは避けたいところ。ポスト・イットは、剥がして再配置できるところが利点なので、作業中は目の前に出し、使い終わったら格納する使い方のほうが効果的です。

　そこで、**厚紙を使ってポスト・イットに書かれたタスクを貼り付ける台紙を作ってしまいましょう**。「本日」の台紙、「明日」の台紙、「時間があれば」の台紙といったように交通整理をして、台紙から台紙にタスクを貼り直すわけです。

　私は台紙に何度貼り直しても、そして持ち歩いていても、剥がれてなくなる心配がないように、3Mのポスト・イットのなかでも強粘着タイプのものを使用するようにしています。

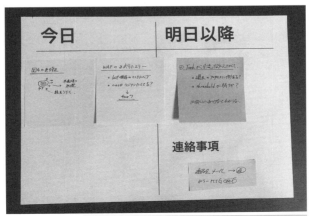

付箋のToDoを管理するための台紙を作ってみる

HACK 045
ToDoのフォーマット（3）ロディア

　ポスト・イットと並んで人気なのが、**ブロックメモの定番「ロディア」**によるタスク管理です。

　ロディアは薄紫色の方眼が美しく、手軽にミシン目で切り取ることができるという特徴を持っており、携帯に便利なさまざまなサイズがあるので、好みのToDoリストを作るのに適しています。

　大きめのサイズもあるものの、ロディアならではの使い方は、手のひらに収まるNo.10（5.2×7.5cm）かNo.11（7.4×10.5cm）を使って、1枚につき1つのタスクを書き込むという方法です。

　付箋よりも素早く配置を変えることができますので、優先度に合わせて配置の遠近を変えたり、順序のあるタスクは重ねたりといった使い方もよいでしょう。

　作業が終わったら、残っている切れ端はバインディングクリップに束ねて「圧縮」し、次の日にまた机の上に展開して仕事をします。こうして思考の断片を素早く配置できるのが、ロディアにタスクを預ける魅力なのです。

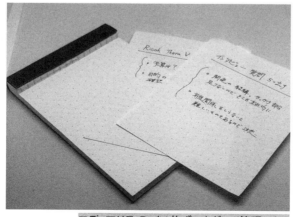

ロディアはToDoを1枚ずつちぎって管理できる

HACK 046

ToDoのフォーマット（4）情報カード

ノートやメモを一通り試したなら、挑戦したいのが**情報カード**です。

情報カードはフィールドワークの分野や、文献をたくさん扱う研究では必須のツールで、張りのある厚紙に思考を封じ込めて、膨大な枚数を繰って発想を促すのに向いています。

私が愛用しているのはコクヨの「シカ-10」というB6カードで、一番上に見出しを書ける部分があるので、そこに作業のタイトルを入れ、タスクはその下に箇条書きで書いて、ひとまとまりの作業単位で管理しています。

また、おそらく本来の使い方ではないものの、「シカ-10」の裏面には方眼がありますので、表面には作業の詳細をメモし、タスクはカードを縦にして裏側に書き込むという使い方も便利です。

情報カードはブロックメモに比べて弾力があるので、たくさんの枚数を用意してめくり、並べ替え、操作するという使い方にぴったりです。他のツールではもの足りない、カードだからこそしっくりとくる仕事も、なかにはあるのです。

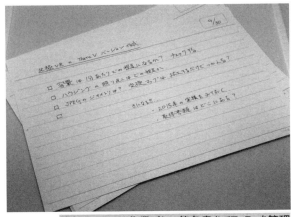

情報カードでは作業ごとに箇条書きでToDoを管理

HACK 047 ToDoのフォーマット（5）個人用ホワイトボード

　書いてはすぐに消すことができる**ホワイトボード**も、ToDoリストを管理するのに便利です。

　紙だとチェックボックスを埋めるか、打ち消し線を入れてタスクを消しますが、ホワイトボードの場合は跡形もなく消すことができます。この小さな違いを「心地良い」と感じることもあるのです。

　ホワイトボードは個人で1枚持っているのが良いでしょう。ホワイトボードマーカーは太めの字になりますので、ボード自体はなるべく大きいものを選びます。また、マグネットを付けることができる材質かどうかもポイントになります。

　大きめのホワイトボードは目立ち、いわば公開のToDoリストになるという利点もあります。他人にタスクが見られているという緊張感も刺激的ですが、誰かが仕事を頼もうとあなたのところにやってきた際に、すでに抱えているタスクとして示すのにも使えます。タスクが可視化されていると、頼み事を断る際にも説得力が生まれるのです。

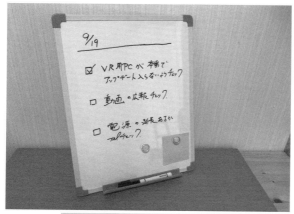

ホワイトボードは「他人に見せられるToDoリスト」に

HACK 048 ToDoのフォーマット(6) 組み合わせて使う

　ToDoリストを作るとき、ノート、メモ、付箋にはそれぞれ利点と欠点がありますし、「紙をビリッと破るのが気持ちいい」「しっかりしたノートに書くほうが安心感がある」といったように、感覚的な違いも出てくるはずです。

　慣れてきたら、これらの手法を組み合わせて、さらに自分流のToDoリストを作ってみましょう。

　たとえばノートに仕事の詳細な計画を書き留め、その下に実現すべきタスクを小さな付箋で貼り付けておき、仕事をするときだけノートから机の上に移し替える人もいます。この人の場合、ノートを母艦に見立てて、そこからタスクが離発着する様子をイメージすることでタスクに「爆撃」をしているつもりで仕事をしているのだそうです。

　ロディアメモをToDoリストに使い、使い終わったメモをノートに貼り付けて作業進捗の記録にすることもできますし、ホワイトボードに付箋を貼って進捗を一望するといった方法もあります。

　万人にとって正解の方法があるわけではなく、自分にとって書きやすい手法があるはずですので、マニアックに追求してみてください。

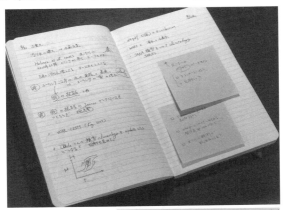

作業ノートに付箋を組み合わせた例

HACK 049　ToDoのフォーマット（7）パソコンやスマートフォンのアプリを使う

　常に持ち歩いているスマートフォンや、パソコンでToDoリストを管理するほうが向いているという人もいると思います。

　個別のアプリやサービスについては別項目で紹介しますが、アナログな紙ではなくデジタルな形でToDoを管理することの利点と欠点については把握しておきましょう。

　デジタルでToDoを管理する利点は、同期させてどこにでも持ち歩けること、編集したり順序を入れ替えたりするのが簡単なことが挙げられます。なんでもスマートフォンで管理するのに慣れている人には、これが最も自然な方法かもしれません。

　紙にはない、デジタルなツールならではの特徴は**リマインダ**です。時間を設定して思い出す必要のあるタスクが多い人にとっては、これが必須の場合もあるでしょう。

　逆にデジタルなツールを使う欠点は、あまりに誘惑が多い点です。タスク管理のアプリを開くついでに別のアプリを開いたり、SNSに寄り道をして時間を失ったりという危険が大きいのです。

　まとめると、パソコン・スマートフォンを利用するとよい場合は、

- リマインダ機能が必須の仕事をしている場合
- タスクが非常に多く、手動で整理するのが面倒な場合
- 常にタスクを同期し、他人と共有する必要がある場合

という具合になります。

　仕事によって、あるいは日によって、ツールを変えるという人もいます。スマートフォンだからそれが最善ということではなく、一番あなたの仕事をラクにする手段を選ぶこと——これが一番大切なのです。

HACK 050 タスクに「動詞」を入れると実行力が上がる

　ToDoリストに一言だけ「メール」「書類」などと書いていませんか？

　ToDoリストを作ることに慣れてくると、「見ればわかるだろう」という気持ちが出てきて、書き方が雑になりがち。字も識別不能なくらいに乱れてくるかもしれません。これは実は危険な徴候です。

　ToDoリストは、未来の自分にとってわかりやすく書いておかなければ、仕事もラクになりません。そのために、タスクは明確でアクションを起こしやすい情報を持っていないといけないのです。

　効果を生み出すタスクの設定方法として、1981年にジョージ・T・ドラン氏が提唱したS.M.A.R.T（スマート）方式というものがあります。説明する人によって頭文字の当て方はいくつかありますが、私はSpecific（具体的）で、Measurable（測定可能）で、Actionable（アクションをとれる）で、Realistic（現実的）で、Time-Based（期限がある）と説明するようにしています。

　これは、いつ・何を・どの程度行うのかが明確かどうかということですが、特に重要なのは「**アクション**」が書かれているかどうかです。

　たとえばToDoリストにただ「ブログ」と書くのではなく、「○○のネタについて下書きを書く」といったように、**具体的にどのように手を動かすのかについて書くように注意する**のです。

　英語で言うと、これは「動詞」が入っているかどうかに対応していますが、日本語だと「〜する」という形式であるかどうかが、チェックすべきポイントになります。

　また、字の美しさもタスクの実行力に影響します。殴り書きのToDoは、雑にやってもよいという心理的なシグナルを発してしまいますので、丁寧にタスクを書くことで実行力を上げましょう。

HACK 051　1枚の紙から、アクションを次々に撃ち出すDoingリスト

　1枚の紙を取り出して、真ん中に1本の線を縦に入れてください。これで、作業を加速する「Doingリスト」のできあがりです。

　ToDoリストは書き出すだけで気持ちがラクになりますが、そこに並んでいるのは1アクションで実行可能なものばかりではありません。実際に作業をしているときには、粒度の小さいアクションを次々に実行してゆくリストを作るほうがスピードは上がります。それが「いまやっていること」だけを列挙したDoingリストです。

　縦に引いた線の左側には、5〜15分で実行可能な、これから実行するアクションを列挙します。すでにあるToDoリストを見つめて、そこからアクションを振り出す感覚で作るのがよいでしょう。

　このリストは寄り道せずに上から順に実行します。もし途中で別のタスクが割り込んできたなら、それは線の右側に書き留めてすぐに復帰します。こうしてリストを一番下まで実行したら、右側にメモしたタスクを取り込み新しいDoingリストを作ります。

　こうしてアクションを次々に撃ち出す仕組みがDoingリストなのです。

Doing	割り込み
☐ 原稿をスペルチェック ☐ 参考文献のチェック ☐ 投稿ファイルをそろえる	☐ メールに返事する ☐ 問い合わせの件を調べる
左側の項目は順番に上からやっていく	途中で思いついたタスク、割り込みは右側にメモしておく

HACK 052 ToDoリストの「ゾンビ」タスクは不安を明らかにしてくれる

「やるべきこと」であるのに、いつまでもToDoリストのなかに残っていて、放置されているタスク——それが「ゾンビ」化したタスクです。

ゾンビ・タスクの周囲には必ず不安や、恐怖が隠れています。たとえば「歯医者に行くこと」というタスクを決めたにもかかわらずそれができていない場合、歯医者に行くことで起こるはずの不快さなどを見越して、心理的に回避している可能性があります。

行かなくてはいけないのはわかっているのに、よく考えてみたら予約もとっていないということすらあるでしょう。

こうしたときは、タスクの書き方を変えてみるのが1つの手です。たとえば「歯医者の予約をとる」などと変えてみることで、不安に一欠片ずつ対処できないか試してみるのです。

いつまでも終わらないタスクは、そもそも終了条件が明確ではない可能性もあります。

たとえば「原稿を仕上げる」というタスクは、明確そうに見えますが、どの時点で「仕上げた」といえるかが曖昧な場合は、いつまでも終わったことにならず、ゾンビ化します。

こうしたタスクも、「原稿を2000字まで書く」「原稿に誤字がないかチェックする」「提出してよいか判断する」という具合に、不安がともなう場所と、そうでない場所を切り分けて作業を進めることによって、不安で手が止まるのを防ぐことが可能になります。

ゾンビ・タスクは「無理してもやるべき」という気持ちの現れでもありますので、ToDoリストはラクになるために書くのだという基本に立ち返って、タスクが可能になる方法を考えるようにしてください。

HACK 053

クローズ・リストを意識してタスクを増やさない

　マーク・フォースター氏の"Do It Tomorrow"(邦題『仕事に追われない仕事術・マニャーナの法則 完全版』)に、**クローズ・リスト**という考え方が登場します。

　この場合の「クローズ」とは、すでに締め切られた、もう受け付けないという意味です。ToDoリストの項目はいくらでも、その日の時間と集中力の限界を超えて増えてゆく可能性があります。それを避けるために「今日はここまで」という線引きをして、割り当てられたタスクだけを実行するのです。

　その後にやってきたタスクは「明日やること」というリストに加え、実行するまでに時間の余裕を与えます。そのかわり、クローズされているリストについては今日のうちに実行することが条件です。

　クローズ・リストは1日が進むにつれて確実にタスクが減りますので、頑張っても仕事が減らないという負担感から解放され、現実的な時間の管理をする助けになります。ここから先は「明日やる」という1本の線が、ToDoリストに時間管理、集中力の管理という側面を生み出すのです。

　どんなToDoリストでもクローズ・リストにすることは可能ですが、放っておけばどんどん「今日やる」タスクが増えがちになるはずです。そこで、**1日にどれだけの数のタスクを無理なく実行できるのかを、ToDoリストの「完了させたタスク数」で測っておきます**。

　タスクの大小は多少ありますが、毎日10ほどのタスクをこなしていた人がいきなり明日から20できるということはありえません。毎日のクローズ・リストの量が把握できたら、そこに向かって削除できるものは削除し、期限を交渉するといった形で全体のバランスを意識することが可能になります。

HACK 054 「この場所に来たら通知」してくれる機能を活用する

「帰りに駅前で買い物をする」といった用事を忘れたまま帰宅してしまうと、もう一度出かけるために大きな時間ロスが生まれてしまいます。そこで、**場所とタスクが結びついているならば、それをスマートフォンでリマインドする**のが最もラクに思い出す方法です。

たとえばmacOS上の人気カレンダーアプリFantasticalや、後述するTodoistのようなタスク管理サービスには、位置情報に基づいた通知機能がありますし、iPhoneのリマインダのアプリにも「指定場所で通知」という機能があります。これを利用すると、

- ある場所に到着したら、タスクに対するリマインダを発信する
- ある場所から出発したら、リマインダを発信する

といったことができるようになります。

前者は、職場に到着したときにまず実行するタスクや、店に近づいた際に思い出すべきものを教えてくれます。後者は、手遅れになる前に忘れ物がないかを念押ししたり、出発したついでに「郵便局に寄れ」といったタスクを思い出すのに向いています。

Fantasticalのリマインダ設定画面

HACK 055 | GTDの考え方（1） 頭を空にしてストレスフリーになる

ToDoリストの扱いに慣れてきたら、それを一歩進めて、仕事も人生もすべてをストレスフリーに管理してみましょう。

それを可能にするのが、デビッド・アレン氏によって提唱された **Getting Things Done（GTD）** という仕事術です。

GTDの魅力は、たくさんのタスクがあっても、それを簡単な仕組みに落とし込むことでストレスなく管理できるようになる点です。GTDの習慣を身につけることで、思考を明晰な状態に維持して、パフォーマンスを発揮することが可能になります。

頭を空にして気持ちをラクにする

GTDの最も大切な考え方は、**「頭を空にすること」**です。「やるべきこと」や「気になっていること」があるならば、それはすべて頭の外にある信頼できるシステムに預けます。

本質において、それはToDoリストをつくることと同じですが、GTDではこれをさらに徹底します。

数枚の紙を取り出して、頭の中にある「あれをしなければ」「これもしなければ」という焦る気持ちをすべて書き出してみてください。このとき、思いつくことはどんな小さなことでも書いていきます。

仕事に関係があるかないかは区別しません。やりかけの作業、読みたいと思っていた本、行きたいと思っている場所、忘れていた買い物、将来への不安や心配事など、すべてです。

紙をいっぱいにするころには、まだ何も仕事が片付いておらず、心配事は解決していないのに、心が軽くなるのを感じるはずです。そして、すべてのやるべきことと心配事が目の前の紙のなかに格納されている安心感が生まれます。これが、頭が空になることでストレスから解

放されるという状態なのです。

「やるべきこと」をワークフローで処理する

　こうして書き出した「やるべきこと」のすべては、今度は図で示したワークフローに従って1つずつ処理していきます。

　最初にやってくる質問は「それはアクションがとれるか?」です。たとえば「書類を書く」はアクションがとれますが、「イベントのチケットが当選するか心配だ」は心配事なのでアクションがとれません。そこで、アクションはToDoを管理するフローに、心配事はそれを記録する場所へとそれぞれ分類します。アクションについても、1段階で終わるか、それともステップを踏む必要があるか、2分以上かかるかといった基準でふるい分けていきます。

　頭から追い出した項目をすべて処理するころには、次にやるべきことは何か、いつかやりたいと思っていることは何か、といった分類ができますので、あとはその分類通りに実行していきます。

　このように、GTDは簡単ではあるものの、それが日常的な習慣になるところまで実践できてこそ真価を発揮します。以下の数項目ではそのエッセンスを抜き出して紹介しますが、GTDを実践するための具体的なノウハウはデビッド・アレン氏の原典『ストレスフリーの仕事術』がより詳細ですので、そちらを参照してください。

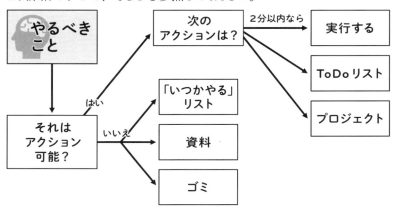

HACK 056 GTDの考え方(2)「頭を空」にするときの3つのコツ

　GTDの習慣は一口でいうと「頭を空にする」ことですが、それは慣れないとなかなか簡単なことではありません。自分では空にしたつもりでも、どこかで心配事を抱えたままでいることがよくあります。頭を空にするのにも、練習が必要なのです。

　お会いする機会があったときに、デビッド・アレン氏が語っていた興味深い考え方があります。たとえば1冊の本が机の上に出したままになっている際に、それを片付けるだけではいけないというのです。その本がそこにあったのは「この本で○○をしよう」という目的があったはずで、それをGTDのシステムに回収しなければ、同じことを繰り返してしまうというのです。

　このように、頭を空にするというのは、意識していなかったことを表面に浮かび上がらせる作業でもあるのです。最初は次の3点に気をつけて実践してみてください。

1. 整理整頓の際に、それを使って「～するつもりだ」という目的を思い起こしてください。そこにタスクが隠れているようなら、GTDのシステムにキャプチャします
2. 思いつく範囲で頭を空にすることが終わったら、机の上、引き出しの中、本棚、パソコンのデスクトップに目を走らせて、見逃していた「やるべきこと」を拾ってください
3. タスクのリストを眺める際に「ここにはすべてが書かれていない」という気持ちが生じたときは要注意です。いったん手を止めて、その気持ちが生まれている源を探してみましょう

　大切なことを細大漏らさず書き出してあるという信頼があるからこそ、GTDの仕組みは力を発揮します。GTDそれ自体を実践しない場合でも、こうして頭を空にするメリットは大きいので、ぜひ練習してみてください。

HACK 057 GTDの考え方（3） 2分でできることはその場でやってしまう

　GTDのワークフローには「**2分間ルール**」というものがあります。頭を空にした内容を整理している際に、2分間でできるようなものはその場で片付けてしまうというものです。
　2分という長さを「ちょっとした仕事」と思っているなら、まだまだ時間感覚が甘い証拠です。2分間=120秒でできるのは、メールならば数行で返信する程度、1本の電話で会議室の予約をぎりぎりできるかどうかというくらいの短い時間です。
　このルールが「3分」でない理由は、3分の仕事は容易に5分、10分と延びていき、"本格的"なものになってしまうからです。2分という時間を意識して、最初からそうした雑事がタスクリストに入るのを避けるのは、スプリントするコース上の小石を取り除くようなものです。タスクリストが無用に長くなることを避け、本当に集中力を必要とするものだけが残るようにするのです。

「先送り」を防ぐこともできる

　最初は2分という長さがどれくらいかわからないと思いますので、タイマーをかけてみましょう。「これは2分でできるはず」と思ったものが意外に時間オーバーになってしまうのを繰り返すうちに、しだいに感覚が身についてくるはずです。
　この2分間の見積もりと実行は、「いつまでもタスクを整理していて実行しない」という先送りを避けるのにも有効です。
　GTDを実践していると、タスクを整理しているだけで何かをやった気になってしまうことがありますが、それでは本末転倒です。2分間ルールはその場でできることを瞬間的に実行することで、アクティブさをGTDの仕組みに持ち込んでくれるのです。

HACK 058 ｜ GTDの考え方（4）「次のアクション」をひたすら回していく

　GTDにはもう1つの強力な考え方があります。**「仕事は常に"次のアクション"を探し出して、それに集中せよ」**というものです。

　そのため、GTDでは2つ以上のアクションが必要なものは、すべて「プロジェクト」として管理するようになっています。たとえば「ミーティングを設定する」という仕事も、内容を詳しく見ると「関係者の予定を調整する」「部屋の予約をする」「アジェンダを決める」などといった複数のアクションで構成されていますので、

プロジェクト「ミーティングを設定」
1. 関係者の予定を調整
2. 部屋の予約
3. アジェンダを決める

といったように整理をします。

　こうした管理の仕方は**「次のアクション」だけに注目すればよい**というメリットがあります。たとえばこの例では、関係者の予定が調整できない限り部屋の予約はできません。ですので最初のアクション「予定の調整」だけに注目すればいいのです。

　この「次のアクション」の考え方は、小さな仕事でも、複雑で大きな仕事でも、何にでも応用できます。仕事を前進させるために次に実行可能なことは何か？　と繰り返し問いかけて、何もやることがなくなった時点で、仕事が完了するわけです。

　ふだん使っているToDoリストも、このように「次のアクション」のリストになっているかどうかチェックしてみてください。

　やるべきことが膨大な数にのぼっていても、具体的にすぐに行動可能な「次のアクション」だけに絞り込むことでToDoリストを簡潔な、実行可能なものにスリム化することができるのです。

HACK 059 GTDの考え方(5) ToDoはコンテキストで管理する

　タスクは「いま」「この場所で」できることだけに**集中**すると、余計なことを考える必要がなくなります。

　これを実現するGTDの便利な考え方に**「コンテキスト」**があります。コンテキストとは「文脈」という意味ですが、GTDにおいては、場所や状況に応じてリストを分けておくことを指します。

　たとえば、仕事の現場で家庭のタスクリストは実行できませんし、逆もしかりです。出先でしか実行できないタスクもあれば、オンラインでないと無理なものもあります。

　いつでも「いま」「この場所で」実行できるタスクだけを目の前において作業もできるように、GTDでは頭が空になるまでタスクを書き出した上で、それをコンテキストごとのリストに分けて管理します。

　コンテキストの便利さを実感するには、まず**いつものToDoリストを場所ごとに別々のものにしてみます**。仕事と個人、オフィスと出先といったようにです。

　コンテキストは場所だけとは限りません。クライアントごとのリストを作るのもコンテキストの一種ですし、より抽象的に責任の領域に応じて作っておくことも可能です。

　最近のリマインダやToDoアプリならばたいてい複数のリストを管理できるようになっていますので、コンテキストごとにリストを作ってもいいですし、HACK074で紹介するTodoistのようなサービスなら、タスクにタグを割り当てることで複数のコンテキストを使い分けることも可能です。

　あるコンテキストで、次に実行するアクションだけに集中することで、ToDoリストをさらにスリムにして「いま」「ここで」やるべきことだけに集中できるのです。

HACK 060 | GTDの考え方（6） 週に一度はタスクを頭の外に追い出す

　GTDを維持するために最も大切な習慣として「**週次レビュー**」があります。

　一度頭が空になるまでタスクを書き出しても、すぐに新しいタスクや心配事が頭の中に忍び込んできます。そこで1週間に一度、時間を割り当てて、もう一度頭が空の状態になるまですべてを書き出してゆくのが週次レビューです。

　週次レビューにはもう1つの目的もあります。リストの中に入っている項目のうち、すでに必要がなくなったものや放置されているものを整理し、タスク管理のシステムの新鮮さを保つのです。

　GTDが苦手だという人は、この週次レビューを実践するのが難しいと口をそろえて言います。しかしそれでいいのだと、デビッド・アレン氏本人も口にしています。GTDは失敗しやすいですが、必要になった瞬間にレビューをし直すことで復帰するのもラクな仕事術です。GTDの習慣が身につくまで、何度でも失敗してしだいに上手になっていけばいいのです。

　週次レビューは、それ以上新しい仕事が入ってきにくい金曜日の午後に時間を作って行うのが有効です。

　また、このときにレビューする順序を質問の形式でチェックリストにしておくのもよいでしょう。

- 仕事で気になっていることはないか？→タスクの形で回収
- 家庭や個人で気になっていることはないか？→タスクにして回収
- タスクリストのなかに、消せるものはないか？
- カレンダー、メールのなかに、未回収のタスクはないか？

　といった具合にです。これらの質問すべてに答えれば、GTDのシステムに油がさされ、またストレスフリーの状態で次の1週間を迎えることができるのです。

HACK 061 マインドマップで大きな仕事を具体化する

どこから取りかかればいいのかわからないほど大きな仕事を分解して「アクション」を取り出すのに便利なのが、トニー・ブザン氏が提唱した**マインドマップ**です。マインドマップは、中心に表現したいと考えている「セントラル・イメージ」を書き、そこから放射状に分岐して配置したキーワードや絵を使って思考を整理し、発想を広げます。

マインドマップは Mutually Exclusive Collectively Exhaustive（MECE、ミッシー）、つまりは、重複なく漏れがないように作らなければいけないと誤解されることが多いですが、プランニングの段階ではそれはむしろ有害です。そうではなく、最初の段階では各部の矛盾や、依存関係の曖昧さもそのままにアイデアをマップ化しましょう。たとえば本の企画をマップにする場合「1章」「2章」という枝を作るより「これを書きたい」「これを盛り込みたい」と作ったほうが見通しは立ちます。描けたなら、それぞれの枝にアクションをぶら下げて作業を具体化します。

こうして繰り返しマップを描き直して曖昧な仕事を具体化し、アクションという形でそれを実現した実を収穫してゆくのです。

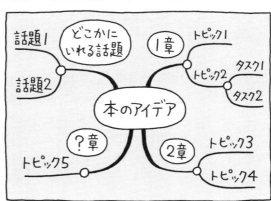

タスク管理「小さな勝利を積み重ねる」

HACK 062 | ブレイクダウンとボトムアップを使い分ける

　大きな目標を立てても、それがなかなか実行できないということがありませんか？　そういうときは、小さな行動から大きな目標を実現するようにしてみるとよいかもしれません。

　仕事術や、プロジェクト・マネージメントの本では、大きな目標をより小さな中目標、小目標に分けるという方法がよく紹介されます。これは論理的には正しく見えますが、実際に適用してみると、うまくいかないことがよくあります。

　たとえばあなたが「起業する」という大きな目標を持っていたとします。その目標に対する中目標は何でしょう？　「ビジネスのアイデアを考える」や「開業資金を集める」がそれに相当するかもしれません。

　では「アイデアを考える」に対する小目標は何でしょうか？　「アイデアを出せるようにその分野を学習する」「競合他社を研究する」でしょうか？　なんだか、このあたりでしだいに話が曖昧になってくることに気づくでしょう。

　目標を分解しても、効果のあるアクションにつながらないとき、それは実現不能になるのです。

ブレイクダウンとボトムアップ

　大目標から中目標、小目標へと分解してゆく方法を、**ブレイクダウン方式**と呼びます。これは巨大で曖昧な目標を具体的に分解できるときにはとても有効です。しかし、分解しても道筋が曖昧であり続けるようなときには、**ボトムアップ**も取り入れてみましょう。

　ボトムアップの考え方とは、「いずれ起業したい」という大目標に対して「今日実践することでそこに近づく行動は何か」に注目する方法です。

たとえばアプリ開発の分野で起業したいならば「特定の言語やフレームワークを学習する」「すでにビジネスになっているアプリの仕組みを研究する」といった行動は、いますぐとりかかることができる上に、将来につながります。
　この「将来につながる行動だ」というところがポイントで、そうして毎日の行動を繰り返しているうちに、「この分野ならば可能性がありそうだ」といった中目標が明確になってくるのです。

目標のアライメントをとる

　ブレイクダウンとボトムアップは、相補的な考え方です。何も目標のないところにボトムアップの考え方を取り入れても、毎日の行動は迷走するだけになります。
　そこで、大目標や中目標は多少曖昧でもいいので設定し、印刷して常に持ち歩くようにしましょう。週次レビューの際に、そうした大きな目標を横目にしつつ、今週の行動との方向性のアライメントをとります。
　毎日の行動が、長期的な目標とアライメントがとれているならば、しだいにボトムアップの行動でとっている航路が、ブレイクダウンで思い描いたものと重なり合ってゆくのです。

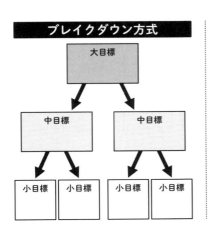
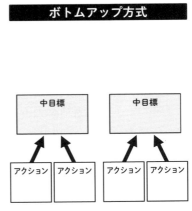

HACK 063 ロケットスタート──20%の時間で80%を完成させる

　プロジェクトが大きければ大きいときほど、開始「直後」に「大量の時間」を割り当てて、作業を一気に進めましょう。

　英語では、そうして最初に勢いよく始めることを「ロケットスタート」と言いますが、ロケットが最初から膨大なエネルギーを使って静止状態から一気に加速するように、大きな仕事は最初から爆発的な勢いでのぞむほうが全体でみるとラクになるのです。

　これは、HACK013でも紹介したように、時間の見積もりが必ず失敗することを前提としています。大きな仕事の進め方としても、締め切り前に徹夜をして間に合わせようとするよりも、最初に徹夜レベルで作業時間を注ぎ込むことで全体を進めたほうが、全体の作業量の見積もりが正確になるのです。

時間の使い方を極端に変えてみる

　目安としてはやはり80:20の法則（HACK028）を意識して、20%の時間で80%の作業が完了することを目標にします。たとえば100ページの書類を1カ月で作成するという仕事なら、最初の3〜4日間で80ページをとにかく作ってみるというわけです。

　このためには、**最初に膨大な時間を割り当てて、時間の使い方を"まるで締め切り前"と同じようにする**ことが必要です。ここまで極端に時間の使い方を変えるからこそ、結果が変わってくるのです。

　実際には、こうしてロケットスタートをしてみたら、10程度だと思っていた作業量が実際は20くらいだったということがわかるといったように、見積もりに調整を加えなければいけないことがほとんどです。しかしすでにロケットスタートで最初の加速はできていますので、そうした調整も可能になるのです。

HACK 064 致命的な「ショーストッパー」を意識する

「ショーストッパー」"Show Stopper"という英単語は、もともと舞台からきています。それは「ショーを中断するほど素晴らしい」という意味で、役者のパフォーマンスが素晴らしすぎるために拍手が鳴り止まず、舞台がそこで止まってしまうことを指していました。

しかしそこから転じて、この単語はもう1つの意味を持つようになりました。すなわち**「ショーを中断してしまうような致命的なハプニング」**のことです。

たとえばプログラミングの世界で、リリース直前になって発見される重大なバグは「ショーストッパー」の代表例です。出張に行く際にカバンや服は持っているのに、肝心のプレゼン用のパソコンや、電源アダプタを忘れてしまうといった事態も、ショーストッパーです。

ショーストッパーは絶対に避けなければいけませんが、複雑な仕事を抱えていて極端に時間が差し迫っている場合には起こりがちな事故です。

そこで「この状況のショーストッパーは何だろうか？」と考えることで、その状況で最低限クリアすべき条件が見えてきます。

たとえば、出張ならば着替えの服を忘れてもごまかせますが、資料やパソコンを忘れることがショーストッパーになります。

会議のための資料作成ならば、アジェンダにかかわる部分が抜けているのはショーストッパーになりますが、それ以外の装飾はなくても問題ないという場合もあるでしょう。

ショーストッパーを意識することは「出来はともかく、この線を守っていれば失敗ということはなくなる」という安心感のもとに作業を進められるというメリットもあるのです。

HACK 065 作業を「下り坂」でパーキングする

　毎日の作業を、いつもきりのよいところで終わらせていないでしょうか？　これは気分の上では気持ち良いかもしれませんが、1日では終わらない作業をしている場合は注意が必要です。次に気の重いタスクが控えていると、次の日に続きをしようとした際に手が止まってしまうかもしれないからです。

　こうしたことを避けるために、**1日の作業をあえて中途半端なところで切り上げる**ことで、次の日にその続きからスムーズに始められるようにするという工夫ができます。

　これは車を下り坂に駐車した場合、ブレーキを外せば自然に動き出すのに似ています。「続き」から始めるなら、作業を開始するための努力をする必要がなくなるのです。

　作業を下り坂でパーキングするときのコツは、たとえば書き始めた文章を途中で止めておくのがわかりやすい例です。どうしても続きを埋めずにはいられない気持ちになるところで止めるのです。

　18時に仕事を終わらせるつもりなら、17時50分にタイマーをかけておき、最後の10分でその時点での作業と次のアクションをメモに書き写しておくという方法もあります。将棋の「封じ手」と同じように、このメモが、次の日の最初のアクションを教えてくれるのです。

　「下り坂」でパーキングする習慣は、ムダな残業を減らす効果もあります。終了の時間を決めずに作業がだらだらと続くよりも、終わりを決めておくことで、その時間が近づくとちょうどいい「駐車」場所を探すようになる習慣がついてきます。

　残業を減らすには、上手に作業を途中でやめるという練習も必要なのです。

HACK 066 終わった仕事はテンプレート化する

　ひとまとまりの仕事が終わっても、それでおしまいではありません。**まとまった仕事は、「名前」をつけて、将来それを再利用できるように**しておきましょう。

　たとえば「2017.10.10会議資料」といった名前のフォルダに、作った議事録だけではなく、そのときに利用した資料やウェブサイトのリンク、写真やボイスレコーダーのファイルなどすべてを入れて、アーカイブとして封じておきます。

　次に似たような仕事がやってきたときには、このフォルダをもとにして作業を開始すれば、時間と手間の節約になるわけです。ただし、ここで注意が必要なのは、どれだけ新しい仕事が過去のものと似ていても、新しいフォルダを作成して、ファイルをすべてコピーしてから開始することです。

　「ちょっとスライドに手を入れて使用するだけだから」と、元のファイルを上書きしてしまったら、その時点でアーカイブの価値が消えてしまいます。たった1枚のスライドを変更するだけでも、ファイルはコピーして利用しましょう。

　こうして何度も利用することがわかってきたファイルは、別の「**テンプレート・フォルダ**」にコピーして、仕事の型として常に再利用できるようにしておきます。

　たとえば定番のプレゼンのフォーマットや、いつも使う資料、何度も利用する自己紹介文や、会社や組織のロゴといったファイル、HACK100で紹介するチェックリストなどがここに蓄積していきます。

　テンプレートが充実すれば充実するほど、過去の経験をもとに、クオリティの高い状態をスタート地点にして作業を開始できるのです。

HACK 067 タスクダイエットを心がける

　ToDoリストをつくるのに慣れてきたころに誰もが一度はやってしまうのが、リストをできるだけ長くし「これだけ仕事をしているぞ」という満足感にひたってしまうことです。

　充実感を覚えることに問題はないのですが、さらにその一歩先にいってみましょう。**ToDoリストをいっぱいにしてから、それをダイエットする**のです。

　「やるべきこと」を頭の中から積み降ろしたToDoリストには、さまざまな雑音がまじりがちです。本当に重要だと思って加えたものでも、よく見てみると不要だったということもよくあるのです。

　そこで、いくつかの重点領域に注意して、タスクを減らしていきます。

1. 風化タスクではないでしょうか？　追加した時点では重要だったものの、時間が経過したために重要性が減っているタスクは含まれていないでしょうか。こうしたものは容赦なく消します
2. 作業自体は重要でも、毎日に分けて実行するのではなく、1週間分をまとめてできるタスクはないでしょうか？
3. 「いつもやっていること」だからと惰性で繰り返しているタスクはないでしょうか？　やめても問題がないか、問題が生じるまで放置してもよいものは、思い切って切り捨てましょう

　チャレンジとしては、いきなりToDoリストを半分の長さにまで減らして、数日後にさらに減らせないか試してみます。

　「ToDoは歯を食いしばって全部実行するもの」と真面目に考えているとなかなか実践できませんが、必要のないものを消すことは、ToDoリストを使う目的の1つなのです。

HACK 068 ファースト・タスクを決めておく

　英語には「巨大な象を食べるのも一口ずつ」という言い回しがあります。象のように大きな仕事や取り組みも、結局は1日ずつ、削り取るようにして達成するしかないという意味です。
　そのように毎日少しずつ削ってゆくような重要な仕事は、朝一番に、最も集中力が高まっている時間帯に実行するのがベストです。最初に実行するために、これを「**ファースト・タスク**」といいます。
　どのようなタスクがファースト・タスクになるかは、その人が長期的に何を実現したいと考えているかによります。
　本を執筆するために原稿を書いている場合は、最初に「1000字書く」といったものでもよいでしょう。たった1000字でも、半年あれば18万字にも到達します。推敲して減らしたとしても、本1冊分には十分です。
　論文や資料を1つ読む、資格試験の学習を数ページ進めるといったものでもよいですし、プログラミングの最も複雑で創意工夫が必要な部分をこの時間に割り当てるのでもよいでしょう。

小さな成功を繰り返す

　ファースト・タスクは、必ずしも完了させなくてもよいことに注意してください。たとえば「原稿を1000字書く」という作業は、結果としてそれが最終稿に入らない、完成された原稿でなくとも、少なくとも1000字分向き合ったことによって、次の1000字がより完成に近づきます。
　ファースト・タスクを実行することができたという小さな成功を毎日繰り返すことによって、より長期的な成功を導くという意味があるのです。

HACK 069 | メールからタスクを剥ぎ取る「インボックス・ゼロ」法

　メールの受信箱をToDoリストのように扱っている人を時々見かけますが、これはおすすめできません。メールは次々やってきます。それを整理しなければ仕事を始められないというハードルになり、メールばかりをチェックするようになってしまうからです。

　ブログ43Foldersのマーリン・マン氏は「むしろメールはピーナッツのように扱うべきだ」と説きます。つまり、メール自体は食べられない殻に過ぎないので、「用件」という「中身」をカレンダーなり、ToDoリストなりといった信頼できる場所に取り出したら、メール自体はアーカイブして受信箱から速やかに消し去るべきというわけです。

　マーリンはこれを「インボックス・ゼロ」というGTDに似たワークフローにしています。具体的には、

- 3分以内に返事できるメールは、その場で返事してアーカイブ
- 予定に関するメールはそれをカレンダーに書き込んでアーカイブ
- タスクが入っているものは、ToDoリストに入れてアーカイブ
- 返事する必要のあるものは「読みました、あとで返事します」とだけ返信し、返信を考えるという項目をToDoに書き込んでメール自体はアーカイブ

という流れで、受信箱のメールをゼロにしてしまうのです。

　受信箱にメールを溜めておかなくても、いまは検索でいくらでもメールを探すことができます。重要なのはメール自体ではなく、メールの用件を信頼できる外部のシステムに移し替えることなのです。受信箱にメールが1通もないと、とても達成感のある素晴らしい気持ちになれますので、ぜひ試してみてください。

HACK 070 Inbox by Gmailでメールを未来に先送りする

すべてのメールに瞬時に対応しなければいけないわけではありません。夕方に届いたメールは明日まで、あるいは来週まで待ってから対応できるものもあります。

そうしたメールを受信箱の中に放置するのではなく、対応したい未来の時間に向けて先送りするサービスがいくつかあります。代表的なものは、Google自身が開発するGmailのクライアントのInbox、macOSだとSparkmailといったアプリなどです。

たとえばInboxではメールを明日、週末、来週といったように時間を決めて未来に送信して、受信箱からいったん消すことができます。それらのメールは、設定された時間になると、再び新着のメールのように受信箱に表示されるのです。

本当にメールが消えるのではなく、表示のうえで見えなくなるだけですが、受信箱にメールがあるとどうしてもそれが気がかりのもととなりますので、今見る必要のないものは未来に先送りしてしまうのです。

対応できる時間までメールを未来に送信してしまう

HACK 071 Boomerangでメールの送信時間を未来に設定する

　メールに対して素早く対応するのは一種の美徳ですが、メールに返事をすればそのメールに対する返事がすぐにやってきて、いつまでたっても仕事が終わらないということがあります。

　そこで、**メールを書いても実際に送る時間はあとにずらす**というテクニックを身につけるとよいでしょう。

　これは、わざと仕事を遅らせるというよりも、やりとりのペースを自分で制御することといったほうが正確です。

　メールが飛び交うスピードに翻弄されるのではなく、自分のスケジュールに合わせてやりとりを行うためにも、メールを送る時間を意識するのです。

　こうしたとき、タイマーをしかけておいて時間になったらメールを送るというのでもよいですが、できるならばメールを書いた時点で設定した時間にメールが送信される仕組みを使いましょう。

　それを可能にしてくれるのが、Gmailとウェブ版のOutlook用のBoomerangというサービスです。Boomerangをインストールすると、いつもの「送信」ボタンの横に、「あとで送る」というボタンが表示され、メールの送信時間を指定することができます。

　たとえば金曜の夕方に書いたメールをすぐに送るのではなく、月曜日の朝一番に届くようにしたいといった利用方法や、深夜に書いたメールを午前中に送信したいといった場合に利用することができます。

　また、Boomerangには相手からの返信が必要なメールに対してリマインダの通知を表示する機能もあります。多くの人とやりとりをする仕事をしている際に、どのメールに返事がないのかを自動的に把握するのに便利な機能です。

HACK 072 モレスキンノートでGTDを実践する

　ライフハッカーたちが愛するモレスキンノートについては、HACK199以降で詳しく紹介しますが、ここではこのノートを使ってGTDを管理するという方法がありますのでご紹介します。

　モレスキンの特徴は、ポケットサイズでも192ページある膨大なページ数ですが、これがGTDで頭を空にしてタスクを書きつけるのに向いています。

　たとえば、最初の100ページは「次のアクション」に、そこから先を「プロジェクト」のリストに割り当て、ノートの後ろからのページを「いつかやること」のリストに使います。

　コンテキストは4色ボールペンを使って色で表現し、いま取り掛かっているアクションのある場所と、プロジェクトのリストの場所は付箋で表示します。また、まだ整理していないタスクはロディアNo.10に書きつけて、ノートの最後にある拡張ポケットに入れておきます。

　そうして、いつでもどこにでもこのモレスキンを持ち歩きます。ポケットサイズのモレスキンが、持ち歩ける第二の脳になるのです。

 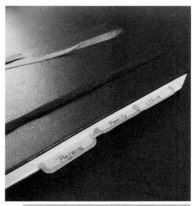

モレスキンで作るGTDの仕組みの例

HACK 073 | Evernoteでタスクを管理する

　Evernoteはクラウド上のメモツールです。ウェブページの内容をクリップし、文章や図をなんでも入れてパソコンとスマートフォンに同期させて使うことができますが、Evernoteはタスクの管理に使うこともできます。

　1つ目の方法として、Evernoteのノートをフリーフォームのツールリストにすることができます。タスクはチェックボックスで記入しますが、その間に図があっても、説明資料が直接挿入してあってもよい、自由度の高いツール置き場です。

　もう1つの方法が、ウェブからクリップして、あとで読みたいと思っている資料にチェックボックスを追加して、あとから検索する方法です。いわば、資料そのものにタスクを追記しておくわけです。

　Evernoteの検索では「チェックボックスがある」ノートだけをすぐに絞り込めますし、ノート単位でリマインダを設定しておくことも可能です。これを利用すれば、読みたいと思っている資料にリマインダで呼び出してもらうという使い方ができるのです。

Evernoteなら任意の場所のチェックボックスを検索できる

HACK 074 マルチプラットフォームのToDo管理サービス、Todoistを使う

　パソコンでもスマートフォンでも使えるタスク管理サービスとして、いま最もおすすめなのはTodoistです。Todoistでは簡単なToDoリストから、GTDを意識した整理方法まで拡張することが簡単にできます。また、ブラウザ、Windows、macOS、iOS、Androidのすべてに対応しており、どこでも同じ操作感で利用できるのもメリットです。

　Todoistの一番の特徴は、**すべてがリストになっている**という点です。最初は1枚だけのリストから使い始め、慣れてきたらコンテキストごとに複数のリストを作り、あるいはリストの下にリストを入れ子にするなどして、タスクを整理していきましょう。

　デジタルなタスク管理ならではの使い方として、Todoistにはそれぞれのタスクに対してラベルを与え、それをフィルターという機能で検索することもできます。

　たとえば、タスクに「オフィス」「自宅」「15分」などのラベルをつけておけば、フィルターを使って「オフィスで実行できる15分以内のタスク」のみを絞り込んで表示することが一瞬で可能になるのです。

Todoistはラベルを使ってタスクを絞り込める

HACK 075 パソコンで活用できるタスク管理アプリ&サービス5選

　Todoistは汎用性の高いサービスですが、もっとGTDを意識した使い方をしたい場合、タスクに対して細かい設定をしたいといったときには、他にもさまざまな選択肢があります。

　ここでは最も人気の高い5つのアプリや、ウェブサービスを紹介します。

1. Remember the milk：ToDoリストを管理するシンプルなサービスの定番として人気があります。Todoistの使い心地がしっくりこないなら、まず試してみたい選択肢です
2. Toodledo：見た目がリストというよりは表計算に近い、持続時間や優先度などもすべて列表示できるサービスです。細かい情報まで入力して管理したい固定ファンが大勢います
3. OmniFocus：macOS専用の、GTDを念頭に開発されたタスク管理のアプリです。プロジェクト、コンテキスト、ネクスト・アクション、週次レビューといった機能が盛り込まれているだけでなく、タスクを種類によって絞り込むパースペクティブ機能が秀逸です
4. Things：macOS専用のスタイリッシュなタスク管理アプリです。複雑に捉えがちなタスク管理を、デザインによってシンプルに管理できるようにしているところがOmniFocusとは真逆の設計思想をしています
5. Microsoft To-Do：人気のあったサービス、Wunderlistをマイクロソフト社が買収して開発を進めている簡単なToDo管理サービスです。今後OfficeやOutlookサービスとより強く連携してゆくことが期待されています

自分でも探してみよう

それぞれのサービスやアプリには、たいてい同期して使用することのできるスマートフォン用のアプリも存在します。これ以外にも、チームで利用することに特化したサービスなどがありますので、調べてみてください。

OmniFocus

Things

HACK 076 スマートフォンで活用できるタスク管理アプリ

　パソコンではなく、スマートフォンのみで簡単なリストを維持したいという場合に便利な専用アプリも存在します。スマートフォンならではのジェスチャーによる操作がラクなものや、運動などに向いたものまで、ニーズに合ったものを選ぶことができます。

1. Clear：画面をタップしてタスクを加え、左右にフリックして完了し、画面を下に引き伸ばしてリストを切り替えるといったように、ジェスチャー操作が気持ちいいiOSアプリです
2. 30/30：ストレッチをしたらスクワットをして、そのあとは軽く腹筋をするといったように、一連の動作を指定の時間で組み合わせることができるiOSアプリです。まとまった作業の流れがある場合の目安として使うことができます。
3. Habitica：ToDoリストの上に、RPGのようなゲームを組み合わせた異色のアプリです。タスクを完了するほどにモンスターを倒し、クエストが完了し、レベルが上がってゆくという、遊び心を満たしてくれる仕組みになっています。

Clear

30/30

Habitica

SECTION 03

集中力・ストレス対策
「やる気も仕組み化」

根性だけで仕事はできません。集中力をセーブし、ストレスから自分を解放するテクニックを駆使して、やる気を長続きさせましょう。

HACK
077

HACK
109

HACK 077 | 48：12時間分割法とダッシュ法

どんなに精神力がある人でも、1日に使うことができる集中力は有限です。短距離走を走るように一時的に集中力を高めて作業をすることは可能ですが、それをいつまでも持続させることはできません。

これはとても重要な点で、いくら小さなライフハックを駆使して数秒、数分を稼いだとしても、集中力の途切れた状態で作業をする時間がそれをムダにしかねないということを意味しています。

必要なのは、集中力を高い状態に保ちつつも短時間で消耗して燃え尽きるのではなく、マラソンを走るように長い時間維持できるペースをつかむ方法です。

48：12時間分割法

そうしたときに使えるテクニックが48：12時間分割法です。これは、1時間の作業時間を48分の集中時間と、12分の休息時間に分けるという方法で、この48分の集中時間はなるべく電話などのような他からの割り込みを避け、邪魔が入りにくい状態で集中力を高めて作業にあたります。単純作業よりは、その日の成果を左右するような重要なタスクを割り当てて、タイマーを設定してとりかかりましょう。

48分がたったなら、ここで12分間の休息に入りますが、大事なのは「調子がいい」ので休息をとらないなどといった逸脱をしないことです。そのときはよくても、無理をすれば必ずあとで集中力が燃え尽きてしまい、大きなロスが発生してしまうからです。

また、休息をしているのに、パソコンに向かったまま別の作業をするのも、できれば避けるのがよいでしょう。休息時は視線を遠くに向け、なるべく思考を別の状態にして、本当に休むのです。そうすることで次の1時間のサイクルを始めるときに集中力が復活しています。

```
┌─────────────┐  ┌──────────────────┐  ┌─────┐
│ 48分:12分    │  │   48分 集中       ├─▶│12分 │
│ 時間分割法   ├─▶│                  │  │休憩 │
└─────────────┘  └──────────────────┘  └─────┘
```

```
┌─────────────┐  ┌────┐  ┌────┐  ┌────┐  ┌────┐
│マーリン・マンの│ │10分├─▶│2分 ├─▶│10分├─▶│2分 │
│ダッシュ法    ├▶│作業│  │休憩│  │作業│  │休憩│
└─────────────┘  └────┘  └────┘  └────┘  └────┘
```

細かい集中時間を繰り返すダッシュ法

　48分：12分という分割の長さは恣意的です。集中力を高めている時間と休んでいる時間のバランスは人によっても、疲れ方によっても違いますので、最適なペースを自分で繰り返し試して作ってみてください。

　50分：10分という人もいるでしょうし、30分：10分のペースが合っているという人もいるでしょう。

　ライフハックを初期に広めたブログ43Foldersのマーリン・マン氏はもっと短いサイクルを繰り返す「ダッシュ法」を提唱しています。これは10分作業、2分休息のサイクルを1時間に5回実行するもので、プログラマーなどのように小さなタスクを繰り返すタイプの仕事をしている人に有効です。

　ペースは1日のうちにしだいに変化してゆくものでもあります。朝は長めにとっていた集中時間を、午後には残りの精神力を意識して少しずつ短めの時間に割り当ててゆくといった調整で、1日の集中力の総量をムダにすることなく、調子よく仕事ができます。

HACK
078

「シングルタスク」を心がける

非常に多くの仕事を、まるで曲芸のようにジャグリングしながらマルチタスクで高速にこなすことができると豪語する人がいます。しかし、これはたいてい嘘でなければ、できているつもりだけです。

2つの仕事やタスクを同時にこなすことはできません。"同時"に最も近づいた状態でも、結局は短い時間にタスクを切り替えながら仕事をしているにすぎません。そして、こうした切り替えの際に「さきほどまで何をしていたんだっけ」「これから何をすればいいのか」と思い出すためのオーバーヘッドが生じます。

アメリカ心理学会のとある研究によれば、2つの作業をマルチタスクに切り替えながら行うのと、シングルタスクで1つが終わってからもう片方を行うのでは、どうしてもマルチタスクのほうが遅くなったという報告がされています。そのロスは、シングルタスクに比べておよそ40％というのですから見過ごせません。

そこで、**「一度に行う仕事は、常に1つだけ」**をルールにして、いくら忙しいときでもシングルタスクを心がけるだけで、生産性を高い状態に維持できます。

しかし、電話待ちをしているときのように、ある仕事をホールドした状態で別の作業をしなければいけないこともあるでしょう。

そうしたときは、タスクを切り替えるときが最も負担がかかるのだということを念頭に、何の仕事をホールドしているのか、どの作業の途中だったかを付箋にして、いわば記憶のセーブデータを残しておきましょう。

HACK 079 似た仕事は「バッチ処理」を基本にする

　レストランの厨房でも工場のラインでも、作業を効率化するためにどこでも行われているのが、「持ち場を決めて、担当者は1つの作業しかしない」という方式です。

　たとえば車を作っている工場のラインでも、1人の作業員はある部品のとりつけを、他の作業員は別のボルトの締め具合をチェックといった具合に、自分の担当をしっかりとこなすことによって全体のクオリティを保証しているのです。

　私たちの作業は、えてしてこのようにはいきません。電話を取り、書類を作り、印刷をして、メールに返事をしてというように、一日中、さまざまな作業をこなさなくてはいけません。

　このときに意識しておくとよいのが、似たような作業を**「バッチ処理」**で行うという手法です。

　バッチ処理とは、初期のコンピューター用語です。プログラムをカード式のバッチで入力することを指していましたが、その後、意味がしだいに広がって「同様の作業を1カ所に集めること」を指す言葉になりました。

　たとえば、書類を作成してはメールの返事をして……という具合に反復横跳びをしているかのように作業をしていると、そのたびに頭や、使っているアプリケーションも切り替えないといけません。それよりは、比較的似た作業を連続して行う意識をもって、メールを5通返事したら、電話を2件こなし……といった具合に、作業を集めたほうが能率的です。

　バッチ処理を上手にこなすには、大きめの付箋を机の上に貼り付けておき、それぞれに「メール」「電話」といった具合に書き、そこにタスクを蓄積しておきます。これで、「まとめて処理する」ということがスムーズにできます。

HACK 080　ポモドーロテクニックでより「長いペース」を作る

　集中時間と休息時間とを繰り返すことで、仕事にペースを生み出す手法として有名なものに「**ポモドーロテクニック**」があります。

　ポモドーロ（伊語でトマトの意）テクニックは、フランチェスコ・シリロ氏によって提唱された、タイマー（氏はトマト型のタイマーを使用していたとされる）を活用した手法で、基本的な部分はHACK077の時間分割法と変わりません。手順は以下のとおりです。

1. タイマーを25分に設定して作業を開始する
2. タイマーが鳴ったら、3〜5分の休息をとる
3. 4〜5回に一度は、15〜30分の長めの休息をとる

　ポモドーロテクニックの25分の集中時間の長さも、休息時間の長さも目安で、作業内容によって調整することが重要です。しかしここでひとつ、前述の時間分割法にはなかった要素があります。それは数回に一度、長めの休息を入れるという部分です。

　これは、「休息にも2種類ある」ことが意識されていると考えることができます。短い休息では思考の緊張状態をリラックスさせて、次の集中時間に向けて準備するのに対して、長い休息では作業そのものの疲れを取り除くために利用するのです。

　たとえば難しいプレゼン資料を作成する際に、1回のポモドーロ（25分）の間に2〜3枚のスライドを作っては休息したとします。しかしいくら短い休息を入れていても、この調子で1日中スライドを作っていると、しだいにスライドづくりの作業自体に疲れてきます。

　そこで、4〜5回のサイクルに一度は、作業自体から思考を解放してあげるわけです。散歩するのもいいですし、別の作業の準備をするのもいいでしょう。短い集中時間のペースづくりと、より長い時間作業することを可能にするためのペースづくりの2種類を意識するのが、ポモドーロテクニックの妙味なのです。

HACK 081 パソコンとスマートフォンの通知をすべて切ってみる

　調子よく集中して仕事しているときに、電話やインターホン、メールの受信通知やスマートフォンのバイブレーションが、それを台無しにしてしまうことがあります。

　割り込みが短時間で、しかも作業と関係しているものであったなら復帰しやすいものの、まったく異なる内容の割り込みだと、作業に戻ってから元の能率に戻るまで約23分かかることが研究で知られています。

　たった3秒、スマートフォンの通知に目を奪われるだけでも、複雑な作業をしている際には元の調子を取り戻すまでに時間がかかってしまうのです。

　集中力を守るためには、不必要な割り込みがゼロになるような仕組みをつくることが重要です。

　たとえば、いまではパソコンもスマートフォンも、メールから最新のニュース、あるいはアプリの更新情報まで、さまざまな通知が表示されるようにデフォルトで設定されています。こうした通知機能は、最初からすべてオフにしておくようにしましょう。

- メールソフトの自動的な受信は切り、可能なら手動にします
- フォローされたときや、返信が届いたときに表示されるソーシャルメディアの通知はすべてカットします。
- パソコンやスマートフォンの通知の設定はオフにするか、少なくとも「おやすみモード」を利用して、集中している午前中は、いっさい表示されないようにしておきます

　他の人からの連絡が避けられない仕事でも「午前中は集中したいので緊急な用件でない限り午後に連絡してほしい」と周囲の人にお願いしつつ、この手段ならば連絡がつくというホットラインを用意しておくことで、割り込みをある程度制御することが可能になります。

HACK 082 　電話とインターネットを引き抜いて作業する

　いまは、オフィスのどこにいてもWi-Fiに接続することができますし、出先にいてもスマートフォンがネットにつながるようになっています。これはとても便利な反面、集中する時間をもちたいと思っている人にはとても不都合です。

　インターネットは、集中したいと思っている人にとっては天敵なのです。

　そこで強硬策ではあるのですが、「これから30分集中したい」と考えているときには、**インターネットの接続そのものを切ってしまいましょう**。有線LANならばケーブルを引き抜いてしまいますし、Wi-Fiならばその接続を切ってしまいます。

　完全にネットを遮断できない事情があるなら、アプリ単位でネットへの接続をスケジュールやタイマーに従って制御してくれるサービス「Freedom」を利用することもできます。

　同様に、一定時間抜いてしまうと効果的なのが電話です。集中したい時間の間、こっそりと電話線を抜いてしまうのです。

　仕事によっては、長い時間メールを読まなかったり、電話に出なかったりした場合に支障が出ることもあるでしょうから、このテクニックは様子を見ながら使う必要がありますが、実際にやってみると、

- たとえ短時間でも「電話がかかってくる可能性がない」という状況を作り出すと、それだけ安心して短い時間に集中を発揮できる
- あなたがネットワークや電話を切っていることは、意外に誰も気づかない

ということに気づきます。

　自分の集中時間は自分で守らなければいけません。ここぞというときには、こうした大胆な手段も使ってみてください。

HACK 083 自分の「脱線パターン」を意識しておく

　メールが来ていないだろうかと、1日に何度もチェックしていることはありませんか？　あるいは、情報収集と言い訳しながらニュースサイトを繰り返し開いてみたり、SNSの終わりのない情報の流れを追いかけたりといったことも。

　これは単に怠惰というよりも、メールが届いている、あるいは新しい情報を見つけたという状態が、私たちの脳にとって快楽だから繰り返してしまう、一種のクセです。

　こうした「脱線」は、人によっていくつかパターンがあります。たまに失敗するのはしかたありませんが、自分を責めるよりも、これは「パターンに陥っているのだ」と意識することで、未然に防ぐ方策を考えるほうが前向きです。

　たとえばメールチェックについてはルールを決めて、10時と15時といったように、固定した時間に処理する時間のブロックを用意しておくのもよいでしょう。

　ウェブサイトなら、StayFocusedのように、一定時間後にウェブサイトをブロックしてしまう拡張機能を使うのも手です。

失敗パターン → 成功パターン

「脱線パターン」が犯しがちな失敗なら、「それに対する対策」のほうもまた、繰り返すうちにパターンとして身についてきます。

「自分は集中力が足りない」という人がいますが、集中力もスポーツの訓練のように鍛えられるものです。

　失敗から学ぶことで、しだいに同じパターンでは脱線しないようになれるのです。

HACK 084

まとまった仕事が終わるたびにパソコンを再起動する

　仕事の調子がよいときは、パソコンのウィンドウをいくつ開いていても、ブラウザのタブをいくつ作っていても、すべてを掌握した状態で進めることができます。

　しかし、まとまった仕事が終了してからも引き続きアプリを開いたままにし、ブラウザのタブを放置したままでいると、1日が進むにつれてしだいに画面上も、頭の中も混乱してきます。

　そこで、**まとまった仕事が終わるたびに、パソコンとブラウザを再起動するか、すべてのアプリとウィンドウをいったん閉じる**ことをおすすめします。

　1日のはじめにパソコンを起動して、1枚もウィンドウが開いていない状態から仕事を始めると気持ちがよいものですが、その状態を1日に何度も作り出すのです。

　資料作りが一段落ついたらパソコンを再起動、情報収集にあらかたの目処がついたらパソコンを再起動、といった具合に実践すれば、パソコンも頭もスッキリした状態が維持でき、1日の仕事にリズムを作り出すこともできるでしょう。

再起動にもコツがある

　最近のmacOSなどは再起動時に、最後に使用していたアプリと状態を復元しようと試みますので、あらかじめすべてのアプリを明示的に終了させておく必要があります。

　ブラウザにChromeを使用していて、開いているサイトを保存しておきたい場合は、「ブックマーク」から「すべてのタブをブックマークに追加」を利用して、日付別にしたフォルダにタブを保存しておきましょう。

HACK 085 タスクに点数をつけてバランスさせる

　家事や育児、あるいはシステム管理やブログの執筆などといったように、あるところまで実行することでは「終わり」にならない仕事があります。

　そういった場合、常にモチベーションを高い状態に維持して、大きなアクションを取り続けるのは難しいかもしれません。そのアクションが終わったからといって解放されるわけではないからです。

　それならば、苦労をともなう大きなアクションをするよりも、雑用で時間をつぶしたほうがいいのでは……という気持ちになってしまうのもうなずけます。

　こうしたときには、たとえば**大きなアクションから小さな雑用まで、それぞれに点数を設定**すれば、「週に50点を目指す」といったように管理することができます。ブログの管理を例にすると、

- 10点：長めの記事をアップした
- 5点：短い記事をアップした
- 3点：下書きを書いた。資料を集めた
- 1点：プラグインなどの管理をした、過去記事を整理した

といったようにです。

　コツは、大きなアクションは雑用に比べて最低でも2倍、3倍の点数にしておくことで、ときには大きなアクションに時間を割かないと1週間のノルマをこなせないようにすることです。

　これは高い点数のハードルを用意して越えるための競争ではなく、調子の良いペースを生み出すために「毎週20点を満たすところまではいけそうだ」「25点くらいにしておくと調子がいい」といったように調整するためのものです。

　やる気を失わないのと同時に、大きなアクションを一定のペースで生み出せるバランスを探してみてください。

HACK 086 気の進まない仕事は「選択」に置き換える

「どうしても気分が乗らない」「やる気が出てこない」——このようにモチベーションが低下してくるときにありがちなのが、頭の中で「〜ならない」と心理的に繰り返していることです。

- この仕事はしなければならない
- これに手を付けないといけない。さもなくば……

無意識に繰り返しているこうした脳裏の言葉は、たとえそれが誰かに任されたのではない自分の仕事であったとしても、どこかでそれを「やらされている」という視点から生まれています。

こうした**モチベーションの低下は、その作業を「選択」に置き換える**ことで、もう一度能動的な状態にもっていくことができます。

- 私はこの作業をすることを「選択する」

と自分に言い聞かせるわけです。

「分解」するのも大事

しかし、それだけではまだモチベーションが戻ってこない場合はどうすればよいでしょうか?

そんなときは、選択が可能なところまで、作業を分解していきます。たとえば「メールにすべて返事をする」ことが選択できないのなら、「最初のメールに返信する」ことを選択してみます。

選択を行うことで、無意識のうちに「やらされている」という状態になっていたマインドを、もう一度「私は」という主体的な状態に戻すことができます。

この小さな選択を繰り返すことによって、より大きなモチベーションを引き出すことが可能になるのです。

HACK 087 選択肢とやりがいを都合よく調整する

人は、自分が状況をコントロールしていると感じるときのほうがモチベーションが上がります。そしてそのモチベーションは、より長期的な価値観や、人生におけるやりがいに直結していると確信がもてる場合ほど、強くなる傾向があります。

そのため、自分が仕事に対して求めている意味や、長期的に成し遂げたいと考えている目標といったものと仕事のアライメントがとれているとき、無尽蔵の力がわいてくるのです。価値観や、目標を明確にしておいたほうが良い理由は、まさにここにあります。

しかし、日常的な仕事においては、なかなかそうした価値観や目標とのアライメントをとるのが難しいことがあります。営業に出かけなくてはいけないことはわかっているものの、その作業自体と自分のやりがいに直接の関係が見出せないときなどがそうです。

そうしたときは、**やりがいのほうを都合よく変えてしまう**というハックで、瞬発的なモチベーションを生み出すことができます。たとえば営業に出かけることを、気に入っているお店で昼食をとることと抱き合わせにしてしまい、「あそこの定食のために、自分は出かけるんだ」という選択に置き換えてしまうのです。

価値観ややりがいの世界から比べると、ずいぶんと話が小さくなったようにみえますが、少なくとも「当面の行動はスタートできる」ところにこのテクニックの小気味よさがあります。

そして行動がとれたならば、今度は都合よく自分に言い聞かせましょう。「営業に元気よく行けた自分は、自分の価値観に即して行動しているではないか」と。自分のモチベーションが維持され行動が生まれるなら、選択肢とその場のやりがいは都合よく調整していいのです。

HACK 088 スタンディングデスクで集中力を高める

　みなさんは1日の中でどれほどの時間を座って過ごしていますか？
　パソコンの前で行う仕事が中心という人ならば、1日に10～12時間以上座っているという人も珍しくないかもしれません。
　座ったままの体勢でいるのは、姿勢が硬直して肩こりや腰痛につながりますし、しだいに集中力が失われてゆくことにもなります。そうしたときに活用できるのが、パソコンなどを上に置いて立ったまま作業できる**スタンディングデスク**です。
　市販されているスタンディングデスクには、高さの調整ができるものや、机の上に置いて上下稼働を可能にするものなどがありますが、多くの場合は高価ですし、職場に個人的に導入するには無理がある場合もあります。
　そうしたときに簡易的なスタンディングデスクとして利用できるのが、ミカン箱ほどの大きさの箱です。デスクの上に置き、そこにノートパソコンを置いて作業するのです。立って作業をする場合、手はなるべく腰の付近にあるほうがいいので、箱よりも一段階下の高さに外部キーボードを置く場所を、たとえば本を積んで作るのがおすすめです。
　もう1つの方法として、IKEAの小卓にキーボード用の棚を取り付けて簡易のスタンディングデスクを作る方法もあります。材料費にして数千円ですので、置き場所があるなら挑戦してみるのもよいでしょう。
　実際にスタンディングデスクを利用してみると、集中力が高まると同時に、下半身の軽い運動にもなって心地よいので、しだいにクセになってきます。最初のうちは短時間から始めて、徐々に回数と1回あたりの使用時間を延ばしてゆくとよいでしょう。

HACK 089 会話のなかで相手の名前を使うことで記憶する

　初めて会った人の名前はなかなか覚えにくいものです。顔と名前の一致はもちろん、どのような人だったのか、どんな話をしたのかといった詳細も、時間が経つとしだいに薄れてしまいます。
　これを防ぐための1つの方法が、**初めて会って名前を聞いた時点で、会話のなかでその人の名前を使う**ことです。
　これは多感覚を応用した記憶術で、視覚だけではなく自分自身で声を発したときの聴覚、そのときの情景や会話の雰囲気といった感情も含めて、多面的に記憶を支えることで記憶する確率を上げるという方法です。

似顔絵でも記憶力アップ

　また、私たちはその人の顔を写真のようにそのままの姿でなるべく記憶しようと試みますが、これはあまり有効とはいえません。特徴をなるべく抑制した平均的な顔として記憶しているのでは、他の人の顔とほとんど違いがなくなってしまい、記憶が印象づけられないからです。
　むしろ、初めて会った人の顔はストリートアーティストが描く漫画的な似顔絵のように、極端に特徴を誇張して「すごいほくろが目の下にある人」「顔の上半分がとても大きい人」といったように覚えるほうが印象に残ります。
　口に出したら失礼かもしれませんが、脳裏で覚えるために使っているだけならば問題はありません。視覚と、声と、イメージを動員して、逃れやすい第一印象が薄れないようにするのです。

HACK 090 記憶力を底上げする「記憶の宮殿」を建ててみる

　映画でも有名なトマス・ハリスのスリラー小説『羊たちの沈黙』の続編『ハンニバル』において、天才的な頭脳を持つ殺人者ハンニバル・レクター博士は、**「記憶の宮殿」**と呼ばれる膨大な記憶を維持する人物として描かれています。

　たとえ体は拘束されていても、彼は記憶のなかにある過去の思い出を自由に散策し、些細な情報でさえも呼び起こす才能を活かして不気味な活躍を繰り広げます。

　ここまでの記憶力はさすがにフィクションの産物ですが、「記憶の宮殿」自体は中世の学者たちが実践していた古い記憶術でもあります。そのエッセンスは、頭の中に思い描いた場所に対して強いイメージを結びつけることによって、記憶を呼び起こすための鍵、すなわちメタ記憶を呼び起こすことにあります。

　自分の記憶の宮殿を建てるときには、あなたが隅々まで知っている部屋や、建物や、町を利用します。そして、その場所を想像しながら、そこに鍵となるイメージが置いてある場面を思い描いて記憶します。

　たとえば私は、自分のパスポート番号を覚えるために、いつも空港に向かうために使っているバス停を想像し、そこに奇妙な黒ずくめの男が手を振り上げて「行くな」と叫んでいるという不思議なイメージを思い描いて結びつけます。

　黒衣は死霊を連想させて「40」を、「行くな」が「197」をといったように、このイメージのいくつかの要素が合わさって正確な番号を再構成してくれます。

　記憶の宮殿に置くのは、正確な記憶のデータではなく、あくまで思い出すのに必要な鍵だということに注意してください。そのために、置くイメージは物語法（記憶術の一つ）などを利用して、なるべく奇妙で印象に残るものを利用します。

自宅の部屋を使って、簡単な「記憶の宮殿」をつくる

　初めて記憶の宮殿を作るなら、まずは1つの部屋から実践するのがいいでしょう。イメージを置く場所は、机の上、ベッドの上、部屋の四隅といったように、明確にイメージできる場所をあらかじめ考えておきます。

　たとえば、いま私の記憶の宮殿の自分の机の上には巨大な猫のイメージが唸り声をあげているのですが、これはいま自分が忘れたくないと思っている、ある事柄を連想させるものとして置いたものです。

　それを消して、新しい記憶を植えつけたいときには、新しいイメージで古いイメージを上書きしていくのが有効です。

　「記憶の宮殿」は便利なメンタルハックですが、1日で建てることはできません。馴染みのある場所を脳の中で再構成しながら、想像上のイメージを少しずつ広げてゆく練習が必要です。

　しかし慣れてくると、むしろ忘れることのほうが困難な、あなただけの記号にあふれた想像上の世界がさまざまな記憶を呼び覚ましてくれるようになるのです。

HACK 091 | 長くて複雑なパスワードを暗記するコツ

パスワードは、強力なものを、しかもサービスごとに違ったものを使用するほうが良いという考え方は、既に常識となっています。

私の場合、1Passwordというパスワード・マネージャーを使うことによって1000件ほどの強度の高いパスワードを複数のパソコンとスマートフォンの間で同期して管理しています。

しかし1Passwordでも最初に入力するマスターパスワードは暗記しなければいけませんし、iPhoneで時折入力を求められるiCloudパスワードのように、いくつかは暗記しておく必要があります。

そうしたときに利用できるテクニックが、棒人間コミックで有名なxkcdで紹介されていた「無関係単語法」です。

「password」などといった当たり前の単語ではパスワードにはなりませんが、あなたにしか理解できない4つの単語の「並び」なら、パスワードの強さを犠牲にせずに暗記することができます。

英語圏から推測が難しくなるように、日本語の単語4つをローマ字綴りで書いたものをパスワードにするという工夫も有効です。

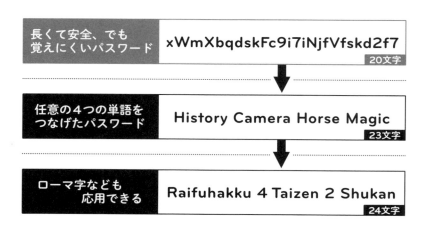

HACK 092 フルパワーで生きるための睡眠の10-3-2-1ルール

　生産性の高い人、あるいは過去の作家や芸術家の多くが口にする「鍵となる習慣」が睡眠です。睡眠こそは、人生を変える小さな習慣の中でも最も重要と言っても過言ではありません。

　多くの人は6〜7時間ほどの睡眠時間で行動していますが、これが日常的になるとおよそ5%のアルコールで酔っているのと同じ状態だという研究結果もあります。そしてこの疲れは、週末に取り戻すだけでは十分ではないこともわかってきています。

　毎日の睡眠を無理して1時間減らすことは年間で365時間を増やすことになるかもしれませんが、その**1時間を眠ることで、倍にも相当する能率が得られる**と考えなければいけません。

　そうした睡眠を確保するための目安がブログ「Early to Rise」でクレイグ・バランタイン氏が紹介していた10-3-2-1ルールです。これは就寝時間を基準にして、

- 10時間前にはカフェインを控えるようにする
- 3時間前には食事も控える
- 2時間前には仕事をするなどの緊張感を高める作業を止める
- 1時間前には液晶スクリーンを見るのをやめる

というものです。カフェインを10時間前から減らすのは、体内でそれが分解されるのに通常6〜9時間（個人差は大きめ）の時間がかかるからです。また、3時間前に食事をやめるのは消化によって睡眠が阻害されるのを防ぐため、仕事と液晶スクリーンを見るのをやめるのは、緊張を解き、スクリーンの強い光の影響を避けるためです。

　理想の睡眠時間は人によって7時間から10時間とまちまちです。しかし多くの人は実は睡眠が足りていないということを念頭に、若干多めの睡眠の習慣をつくることを心がけてください。

HACK 093 緊張とストレスをときほぐす呼吸法をSpireで学ぶ

「息を詰める」という表現がありますが、仕事の負荷が大きくなったり、緊張が高まってきたりすると、ふと気づくと呼吸が非常に浅くなっていることがあります。

浅く、短い呼吸はストレスにつながりますし、また、ストレス状態そのものへの反応でもあります。**定期的に呼吸を整え、深呼吸をすることで、この緊張状態を和らげる**ことができるので実践してみましょう。

呼吸を整えることには、それ自体に数多くのメリットがあります。1970年代にハーバード大学医学大学院のハーバート・ベンソン医師が提唱した「リラクセーション反応」という考え方によれば、1日に10分から20分の呼吸法の実践によって、ストレス反応とは逆の効果を生み出すことができるとされています。

深呼吸の方法はさまざまに提唱されていますが、強いストレス下にある人は深呼吸でさえも浅くなってしまいがちであることに注意が必要です。

そこで利用できるのが、呼吸をモニターするガジェットSpireです。ズボンやスカート、あるいはブラの内側に取り付けて軽く肌と触れさせることで呼吸を計測し、ストレスの生じそうな緊張した状態のときに振動が知らせてくれます。

スマートフォンと連動させてログをとり、それをチェックすることでリラックスした呼吸をしている時間を増やしていきましょう。

身につけて呼吸をモニターするSpire

HACK 094 怒りを制御するための3つのテクニック

　いくら短気を起こさないように注意していても、急に予想外の出来事があったり、いきなり他の人から心ない言葉を浴びせられたりしたようなときに、思わず怒りを爆発させてしまいそうになることは誰にだってあるでしょう。そうした心の発作のような反応は、心がけだけではなかなか防げないものです。

　怒りのままにふるまってしまったために、人間関係を修復不能なまでに壊してしまったり、巧妙に感情を操られて不本意な行動をとってしまうようなことになれば、あとに待っているのは深い後悔です。

　そこで覚えておくとよいのが、**怒りは心の動きだけではなく、身体的なものでもある**という点です。言葉の発し方や、体の姿勢によって、ある程度制御が可能なのです。たとえば、

1. **手のひら**：怒りそうになったら、手を「パー」の状態にします。怒りを感じると、私たちは緊張して握りこぶしを作りがちですが、これを意識的にパーにすることで、緊張が和らぎます。多くの場合、手をパーにしながら真剣に怒ることはできないのです
2. **肩**：同様に、緊張して肩が上がるのを意識的に下げて、体をリラックスの体勢にもっていきます
3. **声**：怒りがこみあげると、どうしても声が大きく、早口になりますので、これを意識的に半分のスピードにまで落とします。ゆっくりと大声を上げることは難しいですし、なによりスピードを落とすことで冷静さをとりもどせます

　このようなテクニックで怒りの機先を制することができればしめたものです。怒りのままに行動するのではなく、自分を客観視して冷静な対処方法を探すきっかけになるでしょう。

HACK 095 落ち込んだときは、自分を肯定する言葉を大量に投下する

「他人に批判されてつらい」「仕事で失敗をして落ち込む」——こうした逆境は生きている限りいくらでもあるものですが、下り坂になった気持ちを立て直すハックは、いくつか持っておくとよいでしょう。

ここで参考になるのが、1955年にアルバート・エリスの提唱した論理療法の考え方です。それによれば気分の落ち込みなどの心理的問題は、**悪い出来事それ自体が理由なのではなく、むしろそれをどのように受け取ったかという認知を介して生まれている**のです。

たとえば「他人に批判されてつらい」という考えの裏には「私は批判されるべきではない」「批判される状況はあってはいけないのに、それが起こっている」という"受け取り"が隠れています。この隠れた「〜べき」という気持ちはイラショナル・ビリーフ（不合理な考え）と呼ばれ、それがやがて「どうせ自分は」という挫折感や絶望感を生むというのがエリスの考えです。

これを打破するには、落ち込んだときのネガティブな思考の裏にある「本当は〜であるべき」と自分を拘束する考え方を見つけて、それに対してポジティブに疑義を挟むのが有効です。

たとえば「仕事で失敗して落ち込んでいる」という状況の背後には、「自分は失敗すべきではないのに」という気持ちが潜んでいます。そこで「失敗というものは誰にだってあるから自分だけが失敗しないというのは不合理ではないか」とメスを入れた上で、ここは成功している、ここはなかなか上出来だったといった肯定感のある捉え方をありったけ投下します。

落ち込むこと自体は避けられなくとも、自己否定で2重に自分を傷つけている状況を修正できれば、ポジティブな受け取り方がしだいに心の下り坂を、自分で立て直してくれるのです。

HACK 096　ホワイトノイズで集中力を上げ、ストレスを下げる

　静かなオフィスよりも、騒がしいカフェのなかのほうが集中できるという現象があります。周囲の人の話し声が溶け合っている空間のほうが、かえって自分自身の考え事に集中できるのです。

　こうしたことが起こる理由に、脳の認知のクセがあります。私たちは、静かな環境では小さな音や気配であってもすぐに注意がそちらに向いてしまう傾向があります。しかし、ある程度音があふれている空間ではこうしたことは起こりません。周囲に注意を向けなくてもよくなるために、かえって自分の考えに没頭することができるのです。

　この現象を利用して、**環境音を使うことで集中力を高める**ことができます。なかでも特に有効なのがホワイトノイズという、特定の高さや低さのむらのない、サーッという雑音を使う方法です。

　こうしたホワイトノイズや、風や川の環境音を作り出すことができるサイトでおすすめなのがnoisliです。

　noisliにはホワイトノイズ以外にも、周波数帯の違いによってピンク、ブラウンと名付けられているノイズもありますし、雨音、薪の焼ける音、雷鳴などが揃っています。また、タイマーによって集中時間を設定する機能や好みの組み合わせを登録して、あとでスマートフォンアプリなどで呼び出すこともできます。

　あなたにとって最適な、集中力が持続する環境音の組み合わせを試してみてください。

ホワイトノイズや環境音を作れるnoisliアプリ

HACK 097 好きな音楽を入れた「ブースター・プレイリスト」をつくる

　ホワイトノイズによる環境音の効果だけでなく、単に好きな音楽のペースに合わせて仕事をすることで能率が上がることも研究によってわかっています。音楽は作業中のストレスを下げる効果や、単調な作業に変化を与えて能率を上げるなど、さまざまな面で影響を及ぼすのです。

　一方で、複雑な思考をしている場合には歌詞のふくまれた音楽は向いていなかったり、世代やその人の経験によってクラシックやポップスなどの音楽ジャンルごとに能率が上がる割合も違ってきたりします。

　難しい話はさておき、これは要するに音楽にノレるかどうかなのですから、自分自身を実験台にしてプレイリストをつくってみるのが一番です。

　私の場合、プログラミングなどの単調であっても目的のはっきりとした作業の場合はテクノポップの相性がよいことを経験的に知っていますので、「プログラミング用」というプレイリストに、実際に調子よく作業ができた曲を入れて、ランダムにかけるようにしています。

　こうしたプレイリストが、「原稿執筆用」「リラックス用」などいくつかあり、ゆっくり仕事をしたいのか、アップテンポでしたいのかしだいで切り替えることができるようにしてあります。

　また、長時間はめていても耳が痛くならないように、職場ではレコーディングスタジオで使われるモニタリングヘッドフォンを使うようにしています。音質的には特殊でも、作業を行う上では6時間でも8時間でも身につけていられるほうがメリットがあるからです。

HACK 098 昼寝の最適時間は10〜20分

　毎日、十分な睡眠時間を確保できれば理想的ですが、現実にはなかなかそうはいきません。そうしたときに、**日中の短時間の昼寝で注意力や記憶力を回復できる**ことが知られています。

　昼寝というと怠惰な響きがありますが、シエスタをとる文化は古くから多くありますし、Power Nap（パワー・ナップ）という短時間の昼の休息をとることで午後のエネルギーを充填することは、欧米ではかなり定着しています。

　必要な昼寝の時間は、その人の疲れ方などにもよりますが、研究によれば短時間で集中力を回復して、仕事に復帰するのに**最適な時間は10〜20分程度**であると言われています。

　次に効果が高いと言われているのが、60分程度の長めの昼寝です。この場合は集中力だけでなく、記憶力などの多岐にわたる機能がある程度回復することがわかっています。

昼寝のちょっとしたコツ

　逆に、30分ほどの昼寝の場合も、回復はするものの、より深い眠りに入る直前に目を覚ましてしまうために、体が睡眠状態から目覚めるまでにしばらくかかる可能性があります。

　タイマーをかけ、10〜20分ほどの昼寝をしようとしても、最初は慣れないために寝つくことがなかなかできないかもしれません。そうした場合でも目を閉じ、目から入ってくる情報を減らすだけでも効果があるので実践してみてください。

HACK 099 　Sleep Cycleで一番眠りの浅い瞬間に目覚める

　私たちの睡眠は、一定のサイクルで深くなったり、浅くなったりすることが知られています。

　眠りに落ちると、最初に浅い睡眠状態がやってきて、その後に深い睡眠と、夢を見ているレム睡眠状態がやってきます。1回のサイクルは90分ほどで、朝に向かってしだいに睡眠は浅くなっていきます。このサイクルのなかで、深い睡眠のところで目覚ましが鳴って強制的に目を覚まされると、非常にぐったりとした、疲れた状態で1日を始めることになってしまいます。

　それを避けるために利用できるのが、**Sleep Cycle alarm clock**というスマートフォン用のアプリです。このアプリを起動してスマートフォンを枕元に置いておくと、睡眠中の動きを加速度計が記録することで睡眠のサイクルを推定します。そして、30分ほどの時間窓のなかで、最も睡眠が浅くなっているタイミングで目覚ましを鳴らしてくれます。

睡眠の「改善点」をチェック

　Sleep Cycleには加速度計が記録した睡眠状態をグラフ表示する機能もありますので、睡眠時間が乱れていたり、十分に休息がとれていないときのサイクルを見て改善点を考えることもできます。

　同様に睡眠をモニタリングするスマートウォッチなどの"睡眠家電"は最近多くなってきましたので、質の高い眠りのためにぜひ取り入れてみてください。

HACK 100 チェックリストでささいな失敗を防止する

　高度な訓練を受けた専門家でも、ときとして信じられないようなミスをおかすことがあります。それはその人の努力が足りないから発生するのでしょうか？

　外科医で、作家でもあるアトゥール・ガワンデ氏は、ベストセラーになった「チェックリスト・マニフェスト」において、そうした**ミスは個人の才能や努力とは関係がなく、多くの場合は「無知」か「愚かさ」から発生している**と説明しています。

　「無知」とは「どのように対応すればいいのか知らなかった」という手続きに対する情報不足を指します。「愚かさ」は、何をすればよいのかは知っていたのに、その知識を適切に実行することができなかった場合を指します。

　手術が失敗し、飛行機が墜落し、間違った投資によって損失が繰り返されてしまうといった事例の背後には、本来は防ぐことのできた小さなミスが引き金になっていることが非常に多いのです。それを防ぐために、ガワンデ氏は**絶対に見落としてはいけない項目を列挙したチェックリストを作る**ことを提唱しています。

　たとえばメールについてチェックリストを作っている人は少ないと思いますが、送信ボタンを押す前に「添付ファイルがついているか」「宛先を間違えていないか」「無関係の人にccしていないか」というチェック項目を確認してから送るだけでも、間違いが格段に減ります。失敗や、不安要素があった際はそれをチェックリストに加えて、しだいにリストを洗練していきます。

　チェックリストはふだん仕事をしている机の上に貼り付けてもよいですし、Evernoteのように素早く取り出せるアプリのなかにテキストファイルで保存しておいて参照するのでもいいでしょう。

HACK 101 自動化できるものはすべて自動化する

どれだけ効率化しても、どれだけ時間を上手に使っても、1人の人間が1日に達成できることには限度があります。そこで、**自動化できることについては徹底して自動化する**ことが重要です。

たとえば食洗機やロボット型掃除機といった設備は、金額だけを見ると大きな投資のように見えますが、長期間使った際に節約できる時間は膨大で、時間コストを考えるなら投資に見合っています。

これらのツールは、たとえば掃除をする時間を節約するだけでなく、掃除をするために前後の時間を調整するという部分からも解放してくれます。自動化は、時間そのものだけでなく、それに割り当てている思考や手間も消してくれるのです。

意外と自動化できるもの

家計簿をつけることや料金の支払いといったように、自分の手を動かさないとできないと考えがちな領域にも、自動化を可能にしてくれるサービスはあります。

たとえばマネーフォワード・freeeのようなウェブサービスを使えば、銀行の出納記録から交通カードの利用記録などを自動的に集計して家計簿を自動化することも可能ですし、請求書の送付も半自動的にサービス内で完結して行うことができます。

自動化は、最初に多少の手間や投資、あるいは学習が必要であることがよくあります。しかしその時間や投資は、自動化したのち、ゆっくりと取り戻してゆくことができます。生活と仕事において自動化できている部分が多ければ多いほど、貴重な時間と集中力を別の場所に利用することが可能なのです。

HACK 102 自動化するかどうかの目安は節約時間ではなく、利用回数

　自動化はうまくゆくと楽しいものです。あまりに楽しいので、自動化をすること自体が目的になってきてしまうほどです。しかし、実際はどこまでがメリットで、どこからがムダなのでしょうか？

　科学やギークな話題で有名な棒人間コミックブログxkcdが、この話題について詳細な表を紹介したことがあります。

　「1日に何回その手順を行うか」が横軸に、「自動化によって節約できる時間」を縦軸で見た場合、自動化に割り当てるのに妥当な時間を表示したものです。

　たとえば、毎日行う作業を5分間節約できるならば、そうした自動化の仕組みを作るために投資してもよい時間はおよそ6日間となります。まるごと1週間をそれにあてても、5年で見るならば得だということになります。もし節約できるのが5秒程度だったとしても、それが1日に5回繰り返すような頻度の高い作業なら、その仕組みをつくるのに12時間をあてることは損ではないのです。

　この表は冗談の側面もありますが、**毎日複数回行う作業ならば、数日をかけて自動化しても、損ではない**と覚えておきましょう。

		その作業を行う回数（5年間にわたると仮定）		
		50回／日	5回／日	毎日
節約する時間	5秒	5日間	12時間	2.5時間
	30秒	4週間	3日	15時間
	1分	9週間	6日	1日

HACK 103 IFTTTでウェブと生活を自動化する

IFTTT（If-This-Then-That、発音は「イフト」）は、ウェブサービスと生活のさまざまな機器をつないで自動化するサービスです。

この奇妙な名前は、「もしこの条件が成立したら、あれをしなさい」という、単純なトリガー（きっかけ）とレスポンス（反応）を仕組みとして作ることができるところから来ています。

IFTTTを使えば、たとえばツイッターに投稿したつぶやきを自動的にFacebookにも投稿するといったようなウェブサービスの自動化が可能になりますし、特定の人からメールが届いたなどといった条件（トリガー）に対して、スマートフォンに通知を送る（レスポンス）といったこともできます。

対応している機器を利用すれば、たとえばWi-Fi体重計に乗った際にその数値を自動的にEvernoteのノートに追記したり、自宅に到着したときに自動的に対応したスマートライトを点灯したりといったホームオートメーションも可能です。

スマートフォンと連携しよう

IFTTTはスマートフォンとも連動しています。

たとえば私は位置情報から見て職場に出入りするたびに、出勤・退勤時間を自動的にDropbox上のファイルに追記しています。1カ月に1回提出しなければならない出勤簿を作るときは、このファイルから時間をコピーするだけでいいのです。

IFTTTは組み合わせしだいでいくらでも面白い自動化の仕組みを作ることが可能です。

以下の例を参考に、仕事と生活を自動化するレシピを作ってみてください。

体重を自動的にテキストファイルに保存するレシピ

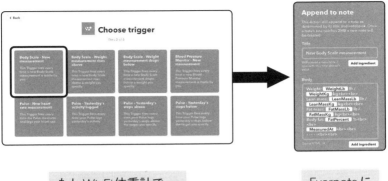

もしWi-Fi体重計で新しい計測があったら

Evernoteに結果を追記

ツイッターで「いいね」したツイートのリンクをPocketに保存する

もしツイッターで「いいね」を押したら

もしリンクがあるなら、それをPocketに保存

HACK 104 | 出勤・退勤時間を自動的に記録する

　IFTTTを使った自動化アプレット（小さなプログラム）はさまざまにありますが、とりわけ強力なのがスマートフォンの位置情報を利用したものです。これはスマートフォン上にIFTTTアプリをインストールしておくことで、特定の場所から出発するか、到着した場合に別のアクションを起こすことができるものです。

　この機能を利用すれば、前述のように自動的に職場の出勤・退勤時間をDropboxやGoogleスプレッドシートに保存しておくことができます。タイムカードを押すタイプの仕事をしている人なら、分単位の細かい出勤記録を自動的に作ることができるのです。

　具体的には、IFTTTで「特定の場所に到着、あるいは出発した場合」をトリガーとして、その結果をDropboxのファイルなどに追記するアプレットを作成しておきます。

　すると、その特定の住所の近くに到着した際、あるいはそこから出発した場合に、それぞれの時刻が1行ずつファイルに追記されるようになるのです。

IFTTTを使って、地図の場所に入ったことをトリガーにして出勤・退勤記録をつける

HACK 105 | iPhone/iPadの自動化はWorkflowで

　iPhone/iPad上で、複数のアプリの機能を組み合わせた自動化を実現するために利用できる強力なアプリが**Workflow**です。

　Workflowを使えば、たとえば選択した写真について「すべてを横幅800ピクセルで統一し、フォーマットを変換してからメールで送信」といった手順をアプリ内で使用する拡張機能として記述したり、ホーム画面に置くアプリのように作成したりできます。

　質問ダイアログを開いて入力を求めることもできますので、たとえば「レストランの会計は？」「どのくらいチップをはずみたい？」といった質問を表示して、入力した値に対して結果を表示するといった、かゆいところに手の届くワークフローを作ることも自在になります。

　位置情報のようにスマートフォン自身がもっている情報にもアクセスできますので、「マップ」アプリを経由して算出した帰宅時間を自動的に家族にメールするというワークフローも作れます。

　Workflowを使えば膨大なタップと時間を節約できるのです。

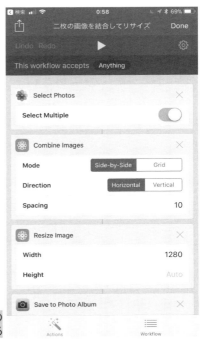

Workflowでアプリの操作を自動化する

HACK 106　バックアップを確実にする「3-2-1ルール」

仕事の書類から、家族の写真まで、いまや重要なものはほとんどがパソコンの中か、スマートフォンの中にあります。

ふだんはあまり意識しないかもしれませんが、それを不具合でなくしたときになって初めて、いかに大事なものを危険にさらしていたのかを知るということがほとんどでしょう。

バックアップは次の「**3-2-1ルール**」という目安を使うことで安全性を高めることができます。それは、

1. **3カ所にバックアップをとる**
2. **少なくとも2種類の方法でとる**（USBメディアとディスクで、等）
3. **少なくとも1つのバックアップはオフサイトにする**

というものです。

少なくとも3カ所にバックアップをとるのは、もちろん1カ所がダメだった場合のためです。バックアップを取っていたと思ったら失敗していたといったケースのために3カ所を独立して作成します。

2種類の方法でというのは、たとえば同じハードディスクのなかにバックアップを作成しても機械ごと破損した場合には両方とも使用不能になってしまうケースを想定しています。同じ種類のバックアップだと、同じ理由で使用不能になるということも警戒します。

少なくとも1つのバックアップをオフサイトに作成するのは、火災や災害などといった理由で他のバックアップがなくなってしまう場合を想定してのことです。これには後述するクラウド上のバックアップサービスを使うのがよいでしょう。

パソコン全体が無理なら、デスクトップと写真と音楽だけは「3-2-1ルール」を適用するといった方法もあります。

HACK 107 Backblazeでバックアップを自動化する

パソコンのバックアップを行う際の落とし穴として「もうちょっとハードディスクを整理してからやろう」「切りの良いところでやろう」という発想があります。

しかし、パソコンの不具合はいつやってくるかわかりません。タイミングが悪いときに故障が起きても、復旧できるようにするのが本当のバックアップです。そのためには、常時バックアップが裏で進行中であることが必要なのです。このとき便利なのが、**Backblaze**です。

Backblazeは小さなアプリケーションをインストールしておくことによって、パソコンの処理の合間に、背後でデータを米国のデータセンターに暗号化して送信してバックアップをしてくれるサービスです。

ファイルの容量は無制限で、利用しているネットワークの速度だけが足かせとなっています。通常1日に2〜4GBほどが転送できますので、256GBのホームフォルダをバックアップする際は初回が完了するまで2カ月ほどかかりますが、その後は差分だけがバックアップされるので、常時ファイルが保護されるようになります。

バックアップしたデータが必要になった際には、オンラインでファイルやフォルダ単位でダウンロードするか、USBメディアやハードディスクで送ってもらうことが可能です（有料）。

火災や災害などで手元のバックアップがすべてだめになった際の最後の砦と思えば、それほど高価とはいえないでしょう。

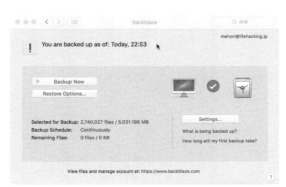

Backblazeの管理画面

HACK 108　Hazelでデスクトップのファイルを自動的に整理する

パソコンのなかには、ダウンロードしたファイルや、作業のためにちょっと保存していたファイルがしだいに増えていきます。

そうしたものはいずれ整理する必要が出てきますが、ほとんどのファイルは一定のルールで自動的に処理することができます。それを可能にするのが、Macのアプリ、**Hazel**です。Hazelはフォルダごとに設定したルールを自動的に適用して、ファイルを自在に整理してくれます。たとえば、

- デスクトップに置かれた圧縮ファイルは3日経ったら赤い色のタグをつけて、さらに3日経ったら削除する
- 画像は毎日23時に別フォルダに格納し、それも30日後に消す
- 特定のフォルダに移動されたファイルは、年月日とタイトルから構成されるファイル名に変更して、月ごとの子フォルダに整理する

といったようにです。このすべてが自動で行われますので、どうせ結果が同じようなファイル整理には頭を使わずに、例外的なものだけ手を動かして対応するということができるわけです。

Windowsの場合はdropitという同様の動作をするアプリケーションがありますし、スクリプトを書くことができる人なら、こうしたルールを適用するプログラムを書くことも可能でしょう。

Hazelでファイルを自動的に整理

HACK 109 時間を生み出す究極の修行「プログラミング」を学ぶ

　24時間電源が入ったままの私のパソコン上では、さまざまな自動化のためのプログラムが動いています。午前1時になると自動的にアメリカのサーバーからデータをダウンロードし、簡単な下処理をして作図を行うもの。Googleアラートを経由して送られてきた情報からノイズを削除して、あとで見るべきウェブサイトの一覧を自動的につくるプログラム。そして、すべてのプログラムが正常に動作していることをチェックするためのプログラム。

　このように書くと難しいことのように聞こえますが、実はやっていることは単純なコマンドの組み合わせに過ぎません。

　多くの人がITスキルを習得した今日において、パソコンで作業を実行できるというだけではなかなか差を生み出すことはできません。そこで、手で行うと何時間もかかるような作業をスクリプト言語やツールを駆使して桁違いに少ない時間で実行できれば、その分の時間を時短に使うことも、別の作業にあてることもできます。

　問題は、そうしたプログラミング言語を学ぶための時間ですが、すでに解決したい課題があるならば、ウェブの助けを借りつつ環境を構築し、初めてのプログラムを動かすまで2〜3日といったところです。その2〜3日があとで10倍にもなって返ってくると思えば安い投資ですし、新しいスキルを学ぶことにもなります。

　OSのファイル操作を自動化したいならばmacOSならばシェルスクリプトやAppleScript、WindowsならばバッチファイルやWindows10に追加されたUbuntuシェルといった技術を学ぶ価値は非常に高いでしょう。

　それに加えて、Pythonのようなスクリプト言語の知識があれば、退屈な単純作業の多くをコンピューターに肩代わりしてもらうことができるのです。

SECTION 04

読書・情報収集・学習

「情報は減らして管理する」

HACK 110

すべての情報に目を通すことはできません。むしろ情報は戦略的に減らすことでスキルを素早く学び、作業を効率化することもできます。そんな、賢い情報の選び方を見ていきましょう。

HACK 146

HACK 110 「情報ダイエット」でセンスをみがく

　情報は、徹底的に減らすことで、かえって価値のある情報を手元に増やすことができます。

　情報を収集することは、あらゆる情報に目を通すことのように思えます。しかしすべてのニュース、ブログ、YouTube動画、SNS投稿に目を通すことはできませんし、それを試みたところで必要な情報以外に膨大なムダな情報に触れることになって非効率的。そこで情報を捨てるセンス、**「情報ダイエット」**が必要になるのです。

　ただし、重要な情報だけを集めようとしても情報ダイエットは成功しません。重要なものはいくらでもあるからです。そこで客観的に重要かどうかよりも、自分が個人的に興味を持てるかどうかという視点に立ったほうが、選別はうまくいきます。そのために、あなた自身の興味は漠然と広く持つのではなく、**可能な限りマニアックな「専門分野」を持つことが成功の鍵**になります。

　このジャンルの、このテーマなら誰にも負けたくないという分野を選び、「自分はその情報を濾し取るフィルターなのだ」というイメージで世の中の情報を選んでいきます。

　たとえば科学ではどの分野でも世界に同じテーマの研究をしている人が数人しかいないくらいに専門化が進んでいますが、そうして研ぎ澄ました専門的知識を身につけた結果、その周辺領域にも「鼻が利く」ようになります。そうなればしめたものです。

　そのために、誰もが見るようなサイトではなく、自分の他に数人しか読んでいない情報源や、外国語のソースなどに集中しましょう。

　何もかもを知る必要はありません。自分が負けられない小さな専門分野の知るべき情報にだけアンテナを張って、他はダイエットしてしまうことで、情報のS/N比（シグナルと雑音の割合）が向上して、ラクにマニアックな情報が手に入るようになるのです。

HACK 111 情報を集めるタイミングと読む時間をずらす

情報収集をするときのもう一つのコツは、**情報を集めるタイミングと、それを実際に読むタイミングをずらす**ことです。

たとえばニュースサイトの記事を上から読んでゆくのではなく、

1. 興味がわいたものをあとで読むために保存する
2. 保存された記事を、最も面白そうなものから読んでゆく

という2ステップにします。これはたとえるなら釣りをする際に、釣れたそばから順に魚をさばくのではなく、1日分の釣果がそろってから大きい順に選ぶのに似ています。

こうした一時保存場所として利用できるのがPocketというサービスです。Pocketはブラウザに拡張機能をインストールすると、ボタン一つでウェブページを保存してくれて、しかも装飾を減らした速読に向いたフォーマットであとでまとめて読むことができます。

保存した内容はスマートフォン用のアプリに同期させて持ち出すことも可能ですので、パソコンで集めた記事をあとで移動中にチェックするといったような時間節約にも使えます。

Pocketなら集めた情報をあとでまとめて読める

HACK 112 フロー情報は3つに分流して処理する

　図書館に蓄積されている資料のようなものを**ストック情報**と呼ぶのに対して、ニュースやSNSの投稿のように数日後には新規性を失って流れ去ってゆくタイプの情報を「**フロー情報**」といいます。

　フロー情報の大半は我々の耳目を集めようとやっきになっている雑音にすぎません。ほとんどは無視してよいものの、ポイントをおさえて目を通したいものです。

　フロー情報を処理するためのコツは「分流」です。膨大な情報を、扱いやすい小さな流れに分けて処理するのです。この情報ソースは必須、この情報ソースは一応目を通すといった具合に、あらかじめ分けておけば、S/N比が低くて雑音が多いとわかっている場所には時間をほとんど与えないか、切り捨てることができるのです。

　私がおすすめするのは、次のような3つの流れでの分流です。

1. **必須情報**：一番興味に合致した情報を提供してくれている情報ソースです。念入りにチェックしたい場所なので、数にして3〜4カ所程度に厳選する
2. **スキャン情報**：興味のある情報がたまに出てくるので、記事タイトルを目でスキャンして読みたいものがあったら熟読します。数にして必須情報ソースの倍くらいで、割り当てる時間はその半分ほどです
3. **スキップ情報**：めったに読むべきものがないものの、念のために目を通す情報ソース。割り当てる時間はさらに短く、記事タイトル1つあたりに1秒以下しか与えません。9割以上は飛ばして、相当興味がわかない限り、読むことはしません

　この3種類の情報の流れは、あとになるほど「数は多いのに、割り当てている時間は減ってゆく」という具合に、割り当てる時間と集中

力に傾斜を加えているところがポイントです。慣れるまでは、タイマーをかけて割り当てを守れるように練習しましょう。

ブックマークとリストで分流を管理する

この3つの流れは、ブラウザならばブックマークのフォルダを利用して分類しますし、ツイッターやFacebookのようなSNSならばリストやグループといった手段で分けます。

さらにテーマ別に分類をきめ細かくすることも可能です。たとえば私はIT関連ニュースについて国内と国外に分けてそれぞれ3つに分けたフォルダを持っていますし、ツイッターには国内外のITジャーナリスト、企業サイト、公式アカウントに分類したリストを作ってチェックしています。

しばらくこうした運用をしていると、しだいに「必須」と思っていたサイトで有用なものがなくなってきたことに気づくこともあります。そうしたときにはその情報ソースを「必須」から「スキャン」に格下げするなどといったように、常に入れ替えながら運用します。

大事なのはすべてのソースのすべての記事や情報に目を通すことではありません。時間内に興味を引く情報を拾うことができるかどうかなのです。

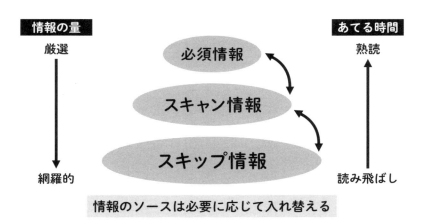

HACK 113 | Googleアラートで情報に向こうから来てもらう

　どのようにして信頼できる情報ソースを選択し、絞り込んでいけばよいのでしょうか？

　興味のあるテーマなら、ふだんからウェブを検索しているうちに主要なサイトや、書籍や雑誌は頭に入っていることでしょう。しかしウェブには日々新しい情報が追加されますし、知らないブログにたまたま興味ある話題が登場したようなときでも、素早くそれを知ることができる仕組みが欲しくなります。

　そうしたときに設定しておくとよいのが、**Googleアラート**のようなサービスです。Googleアラートは設定した検索ワードや、選択したテーマにもとづいて最新の情報を毎日配信してくれるようになりますので、こちらから探す手間を自動化することができます。

　「ビジネス」「エンタメ」「スポーツ」など、もっと広いテーマに関する情報なら、SmartNewsやGunosy、Googleニュースといった**キュレーションサービス**で興味のあるテーマを設定しましょう。そうして自動的に選ばれた記事に、価値の高い情報ソースがあったなら、自分の巡回先にそれを加えてゆくわけです。

Googleアラートの設定画面

HACK 114

RSSで情報を1カ所に集約する

　毎日更新情報を読みたいウェブサイトやブログが数多くなってくると、いちいち巡回しているのは手間になります。むしろ、更新された情報だけを1カ所に集めてチェックするほうが効率的です。

　それを可能にするのが、多くのウェブメディアやブログで採用されている **RSS（Real Simple Syndication）** という仕組みです。RSSはSNSで情報が拡散されるようになってからはしだいに下火になりましたが、情報に素早く目を通すためにはまだまだ現役の技術です。

　RSSを最も簡単に扱うには、Feedly、Feedbinといった **RSSリーダーサービス** を利用するのがいいでしょう。こうしたサービスに読みたいサイトのURLを追加すれば、自動的に発行されているRSSフィードが登録されて更新を確認することができます。あとは、HACK112で紹介した通り、更新をチェックするのが必須のフィードと、スキャン、スキップのフィードとをフォルダで分けて整理します。

　RSSを使えば、数十個のサイトから配信される数百の記事に目を通すのに、ものの15分ほどで済むのです。

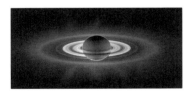

FeedlyでRSSを読んでいる様子

HACK 115 | 嫌なニュースはそもそも見ないという選択

　どの新聞サイトやニュースサイトでもいいのですが、適当にページを開いてトップニュースを見るとわかることがあります。
　それは、ほとんどのニュースが最近起こった悪い出来事についての記事でなければ、興味を引き付けはするものの明日には忘れていても害のない話題に過ぎないという点です。
　災害、犯罪、汚職や政治的な争いといったニュースには、共感を誘ってなんとかしたい気持ちになるものから、不正や問題に拳を振り上げたくなるものまでさまざまです。しかし、そこで時間を使って丹念に情報を追いかけても、ほとんどの場合はムダでしかありません。
　そこで、こうした**時事的なニュースを自分から読みにいき、追い求めるのは最初からやめてしまう**ことで、もっと有益な情報に割り当てる時間を確保することができるようになります。
　これは時事問題に目をつぶるということではありません。それほどに世間を賑わせている事件ならば、伝聞やSNSといった形で、放っておいてもいずれ耳に入ります。誰かがあなたにその情報を伝えるまでの時間は時間差として許容範囲内ですし、そもそも届かなかったならば、それはそこまで重要ではなかったのだろうというフィルターとしても使えます。
　嫌なニュースを日常的に見ていると、それに慣れてしまい、心がしだいに冷えていきます。また、刺激的なニュースはあえてそのような感情的な反応を引き出すように書かれているだけという場合もあります。
　そうした情報におどらされないようにするには、まず見ないことです。そして自分の耳に届くまでに、バッファーの期間を持つことが大事なのです。

HACK 116 二次情報サイトに時間をかけてはいけない

　もう1つ、見てはいけない種類の情報に「**二次情報サイト**」があります。ニュースそのものがあったソースではなく、それを孫引きしている自称ニュースサイトや、まとめサイトです。

　これらのサイトは耳目を集めなければいけない都合があるために、元のニュースに比べて題名を極端にし、扇情的な内容だけを拾って書かれていることが大半です。そしてそうした記事を1日に何十と流しますので、たとえばFacebookなどを見ていると友人の誰かが引っかかってシェアしています。

　こうした情報をそもそもカットするために、たとえばFacebookではサイト単位ですべての情報を受け取らない設定ができます。また、ツイッターではミュートワードを設定して、そのサイトの名前やURLが含まれたツイートを表示しないこともできます。

　RSSリーダーのFeedlyにも**ミュートフィルター**という機能がありますので、読みたくない話題についてはキーワードを設定して目に入る前に削除するのがよいでしょう。

　ツイッターやFacebookでフォローする友人にも注意します。二次情報の雑音ばかりをシェアするような人ならば、一定の基準を設けてアンフォローするか、ツイッターならば重要人物だけのリストを作成してそれだけを読むといった対応方法があります。

　自分で絶対に読まず、絶対にシェアしないタイプの情報を決めておくことも重要です。私の場合は、診断サイトや占いサイト、「このような記事も読まれています」と表示されているネイティブ広告といった、情報の質の低いコンテンツはすべて触りません。

　「見ているSNSのタイムラインがムダな情報ばかり」と文句を言う人もいますが、タイムラインは見たい情報の確率が高くなるように、常に"耕す"必要があるのです。

HACK 117 | Nuzzelで友人・注目する人のシェアしている情報を受け取る

　たとえば「新しいiPhoneが発表された」といったような、多数のメディアが紹介するようなニュースの場合でも、考察や独自の取材を含む良質の記事と、他のサイトの情報をコピーしているだけの時間をムダにするサイトがあります。

　その2つを、あなたがSNS上でフォローしている友人がどれだけシェアしているかという情報を使って判別してくれるサービスが**Nuzzel**です。

　Nuzzelはツイッターや Facebook といったSNSのアカウントで登録しておくだけで、数人以上の友人が共有している記事を自動的に選別して勧めてくれます。興味をもってフォローしている人たちが読んでいる記事ですので、非常に高い精度で自分にも興味のある、質の高い記事が浮上してくるわけです。

「友人の友人」が読んでいる記事は？

　たとえば海外のIT事情を知りたい場合には、その筋の情報をふだんから発信しているジャーナリストやライターをあらかじめツイッターなどでフォローしておきます。すると、その分野で特に重要な記事がNuzzelで発見できるようになるため、大きな時間の節約になるとともに、新しい情報ソースの発見にもつながります。

　また、Nuzzelには「友人の友人」が読んでいる記事の一覧や、Nuzzel全体で最も人気のある記事の一覧もあります。友人の友人は一段階だけ他人ではあるものの、友人がフォローしているという信頼の輪の中にいる人です。

　そうした人々がシェアする情報は、興味のレーダーを一段階広げて意外な発見をするのに利用することができるのです。

HACK 118 フィルターバブルを意識して情報元を増やす

　誰しも、興味のない情報は見たくないものです。このセクションでも、興味に基づいた専門分野を持ち、それによって見るべき情報を選択することを勧めました。しかし、それを追求しすぎると、デジタル的な井の中の蛙になってしまう可能性もあることには注意しなければいけません。

　たとえばFacebookなどのSNSやGoogle検索は、私たちの嗜好に合わせてアルゴリズムが記事の表示を変えることが知られています。それが強力になりすぎると、時事問題に興味がない人が中東について検索しても中東問題については何も表示されないといったように、自分にとって心地よいフィルターが作り出す価値観の泡、「**フィルターバブル**」に閉じ込められてしまうのです。

　フィルターバブルがやっかいなのは、通常の検索やSNSに表示されない情報はそもそも存在に気づくことがないので、知ることもできないという点です。

　これを避けるためには、たとえばツイッターをログインした状態で通常の検索で見るのではなく、**Yahoo!リアルタイム検索**を通して調べたり、Googleアカウントからログアウトした状態で検索を行ったりといった手段が、完璧ではないにせよ有効です。

　異なる視点を持った興味深い人がいるならば、その人のツイッターアカウントを非公開リストに加えてウオッチすることもできます。

　GoogleやSNSはあなたがどの国から、どんな端末を使って検索しているのかを知っています。それを揺さぶることで、フィルターバブルの外側を覗き見ることが、広い見地を手に入れるためには必要なのです。

HACK 119 使いこなしたい Google検索のテクニック

　Googleで情報を検索するとき、ただキーワードを入れるだけということはないでしょうか？

　簡単な検索ならばそれでもかまいませんが、探している情報が自明ではないような場合には、単純にキーワードを入れただけでは、結果が広がりすぎてしまう傾向があります。

　そこで、最初から特定の情報を除外する、あるキーワードとキーワードの交点を調べるといったように、**対象としている情報の母集団を意識して検索する**ほうが、クオリティは向上します。

　たとえば以下の検索機能はすぐに利用できるように印刷して貼っておきましょう。

"ライフハック"	完全に一致させるには二重引用符
-ハッカー	除外するには先頭にマイナスを
Mac OR PC	ORで「もしくは」を表現する
(高 OR 低) 気圧	ORで分けたものを（　）で結合する
100 .. 200年	100〜200の数字にマッチする
site：URL	特定のサイト内の検索
related：URL	関連するサイトを検索

　こうしたキーワードを使う以外にも「**Google検索オプション**」を利用して絞り込みを行うことができます。

　こちらでは上記のような条件に加えて、言語の指定や、検索対象の範囲やファイルの種類を選択することも可能になっています。

近年、多くのサイトで検索エンジンに対する最適化が進んだ結果、ちょっと検索するくらいでは情報の質の低いサイトしか見つからないケースが増えています。

　こうしたときは、情報をなるべくたくさん見つけようとする探し方よりも、探している情報をイメージして、より少ない情報へと絞り込むように意識して検索したほうが、結果的に有益なサイトを数多く見つけることができます。

　その際に特に有効なのが、OR検索と括弧を使った結合です。ORは答えに複数の可能性がある際に大きな網を張るときに使い、それを括弧でつないでゆくことで、キーワードの交点を絞り込んでいきます。

検索窓から呼び出せる便利な機能

　また、Googleには情報の検索だけではなく、検索窓から呼び出せる便利な機能がいくつかあります。たとえば計算式を入れればその結果を返してくれ、「円で」「メートルで」といった言葉を付け足すだけで単位変換のツールが開きます。

　専用のアプリを開くよりも手っ取り早い作業の近道になりますので、ぜひ覚えておきましょう。

Google検索窓で表示できる計算機。これ以外にも、翻訳や、単位変換、ネットワークの速度計測などができる

HACK 120 | 毎週金曜日にアルバムを1枚買う

　私たちは、自分たちが17、18歳だったころに体験したものを繰り返し聴きがちで、新しい音楽にはなかなか手を出さないという興味深い調査があります。

　これは新しい情報や世界に触れたいと考えている人にとっては一種の罠になります。

　そこで、あえて「**金曜日には必ず新しいアルバムを1つ買う**」ということを習慣にしてみると、強制的に発見が促され、日常に小さな喜びを生み出すことができます。

　Apple Musicや、Spotifyなどの定額サービスなら、あなたの視聴履歴に基づいて的確なサジェスチョンが行われますので、何も考えずにここから選びます。1年52週間がすぎるころには、少なくとも52枚分の音楽が頭をくぐり抜け、これまでに経験することを避けていた新しい世界が目の前に開けるはずです。

　同様のことは本でも、映画でも、新しい店で行ってもかまいません。選択の幅を広げる仕組みを意識することで、世界の新鮮さをなるべくそのままに保つのです。

HACK 121 コンテンツとの偶然の出会いを意識する

　前項で、Spotifyのサジェスチョン機能について触れましたが、Spotify、Netflixといった音楽や動画の定額サービスは、これまでのコンテンツの消費の仕方を一変させるものです。

　たとえばSpotifyには、ジャンルやムードで細分化されたプレイリストが何千も用意されています。そうしたプレイリストで好みの音楽をお気に入りに登録すると、その情報にもとづいてさらに新しい音楽やプレイリストが自動で勧められます。

　定額制ですのでいくら試聴しても値段が変わらないことを考えると、これは「音楽や映画を手に入れて視聴する」という形式から「膨大なリストから好みのものを探しにゆく」という、まるで狩猟のような方法に変わったことを意味します。

　それに合わせてコンテンツの探し方も変えましょう。どこかに自分が探している「正解」があると考えて狭い世界にとどまるのではなく、すべては偶然だと考えて**サジェスチョンを信頼して勧められるままに視聴する**のです。

　いくつかハズレを引くこともあるかもしれませんが、長い目で見るとさまざまなコンテンツに手を出しているほうが、体験の深さも広さも同時に得ることができます。

　ものがあふれている現代、Amazonの買い物リストや、電子書籍のサイトなど、あらゆるところに高度に自動化したサジェスチョンの仕組みがあります。

　それは多くのユーザーの購買の結果を束ねたものですので、その集合知を利用して、自分が次に体験すべき名前も知らない音楽や、映画や、本を探してゆくのです。

HACK 122 すべての紙はデジタル化すると誓う

以前は、置き場所の限界がその人が所有できる情報の限界でした。いまは多くのものがデジタル化しているので、その限界は昔ほどではないものの、まだまだ書類やパンフレットや雑誌などの紙は健在です。

情報を集める能力で差をつけたいならば、この残された紙もすべてデジタル化して、一瞬で検索できるようにする仕組みを作りましょう。そのために必要なのが、ScanSnapのようなドキュメントスキャナーや、スマートフォンのスキャンアプリ、そしてスキャンしたデータを安心して入れられるクラウドストレージです。

ScanSnapで紙はすべてデジタルに

紙をデジタル化することは、情報としての紙の内容を捨てることなく、場所だけを節約することです。また、その情報を検索可能にすることでもあります。PFU社のドキュメントスキャナー ScanSnap は、このデジタル化の作業がボタン1つで可能です。

ScanSnapにはいくつか機種がありますが、両面の書類が多い人ならば大型のiX500を、日常的に数枚ずつしかスキャンしないなら携帯性の高いiX100が適しているでしょう。

あとは、保存しておく書類、家電の説明書、名刺、レシート、雑誌など、すべての紙を対象にしてスキャンを行います。このとき、情報価値の高い書類についてはできるだけOCR機能を使って中身を検索可能にしておきます。

数枚の紙なら、iPhoneではiOS11のカメラの基本機能やEvernoteといったアプリでドキュメントを台形補正してスキャンすることが可能ですし、Adobe ScanのようにOCRを実行してくれるアプリもありますのでこれらを使用します。

アクティブなファイルはクラウド上に

　スキャンした書類は、時系列と内容をもとにファイル名を設定して、古い書類なのか新しい書類なのかがファイル名だけでわかるようにしておきます。たとえば「2017.11.15_請求書.pdf」というファイルがあれば、それが何年の、何の目的のファイルかひと目でわかりますので、時系列でファイルを整理し、名前で絞り込むことができます。

　アクティブに利用する可能性のあるファイルについては、Dropbox、OneDrive、Googleドライブといったクラウドストレージを活用することで、いつでもどこからでも検索して利用することが可能になります。これで、書類を探すために自宅まで戻って引き出しをかきまわさないといけないということがなくなります。

　生活に入ってくる紙をすべてスキャンするということは、置き場所を気にすることなく、探す手間を大きく減らし、捨てる際もファイルを消すだけになるという究極の整理方法です。

　この習慣は5年、10年と続けるうちに大きな違いをもたらします。紙のままだといつも管理しなければいけないものが、デジタル化して蓄積することで情報は無理なく増えてゆくのです。

ScanSnap iX500

HACK 123 | コンパクトな断裁機を家庭か職場に確保する

　自宅か職場に断裁機を確保しているでしょうか？

　紙のデジタル化の敵となるのが、冊子状に印刷された書類や、雑誌などです。A4書類などはどんどんデジタル化できても、こうした書類がそのまま残っていたのでは、デジタル化は中途半端になってしまいます。そして中途半端なデジタル化は、書類がデジタルとアナログで散らばってしまうのでかえって面倒です。

　そこで1台は確保したいのが、雑誌程度の背を切れる断裁機です。

　市販されているもので最適なのは、PLUSの「**コンパクト断裁機 PK-113**」です。A4用紙60枚程度を軽く断裁することが可能で、赤色LEDのカットマーカーによって正確に切ることが可能です。

　刃そのものは安全カバーに隠されており、使用後は折りたたんでしまうことができるのもこの製品が家庭に向いているところです。

　断裁機があるだけで、どんな書類でも処理してスキャンすることができるという「道筋」ができます。多少の投資は必要ですが、その後スキャンしてなくすことができる膨大な紙の量を考えれば妥当でしょう。

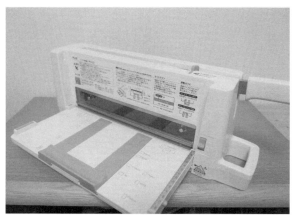
家庭でも安全に使えるPLUSの「コンパクト断裁機PK-113」

HACK
124

毎年提出する書類を
デジタル化して記入する

　企業や公的機関に提出する家族構成や通勤状況の現況届などといった書類は、毎年やってくるわりにはあまり変更点がなく、同じ情報を何度も書き込む傾向があります。

　こうした書類がデジタルでやってきた場合にはもちろんコピーを保存しておきますが、紙でやってきた場合にも、その都度ペンで書き込むのではなく、**最初の一度だけ手間をかけてデジタル化**しましょう。

　書類の記入にはPDFの注釈機能を利用することで、次の年に同じ書類がやってきたときにはほぼすべての情報をコピーして提出すればよいのでラクになります。入力にはAdobe Acrobatの機能を使うのもよいですが、macOSならばPDFPen、スマートフォンならAdobe Fill & Signのように、PDFへの記入を専門に扱うアプリケーションもあります。

　こうした記入するタイプの書類をデジタル化しておくことは時間短縮につながるだけではなく、過去の書類の書き方を真似ることができるようになりますので、記入に悩むことがなくなるというメリットもあります。

書類をデジタルで記入しておけば何度でも再利用できる

HACK 125 Evernoteを使いこなすための3つのノートブック

　ウェブからくる情報、スマートフォンでとったメモや写真、細かいファイルなど、あらゆる種類の情報を整理するための理想のツールが **Evernote** です。

　Evernoteはクラウドを経由してパソコンにもスマートフォンにも情報を同期できるため、ウェブで見たものを出先で活用する、外出先での思いつきをオフィスで回収するといったように、情報の活用シーンを大きく広げてくれます。

　1つだけ注意したいのがEvernoteは放っておくとノイズが増えてしまうという点です。

　保存したときには重要だと思っていても、しだいに時間が経つにつれて情報の鮮度が失われたり、興味を失ったりして、有用なノートのなかに無用のものがどうしても増えていきます。

　また、ずっと保存したいと思っている情報と、その場限りのメモを混ぜてしまっても、しだいに利用しづらくなります。

　そこで、情報の流れを新鮮に保ち、利用しやすくするために、Evernoteで情報を保存する単位であるノートブックを、以下の3種類に分けて管理するとよいでしょう。

①インボックス・ノートブック
　このノートブックは、メモを取ったりする場合のデフォルトのノートブックです。ここに入るものは即興的で、その時点では興味があるかもしれませんが、まだ評価が定まっていない鮮度の高い情報の置き場です。インボックスに入るノートは、より長期的な価値があるなら他のノートブックに定期的に移動しますが、そうでないならば躊躇なく消していきます。

②ウェブクリップ・ノートブック

　ブラウザのEvernote拡張機能や、他のアプリからの共有によって情報が保存されていく場所です。ここには「保存しておくといいかもしれない」という思いつきでクリップした記事が多く入りますので、時間が経てばノイズが多くなります。いつか聞いた話題を思い出したくなったら検索する場所です。

③資料のノートブック

　ここは、できる限りノイズが混じらないように、入るノートを極力管理するべきノートブックです。できれば「文学」「スポーツ」といったような漠然とした題名よりも、いま読んでいる本に関係したノートブックといったように、「なぜその資料を集めているのか」が明示されているようにしましょう。ある程度ノートが集まったら、凍結してアーカイブのスタックに入れてしまうのもよいでしょう。

　百科事典を作るような気持ちでEvernoteに情報を入れていると、しだいにノイズに負けてしまいます。**鮮度とテーマ、この２軸で管理する**ことで、情報の流れを止めずに、情報の蓄積場所のノイズを低く保つのです。

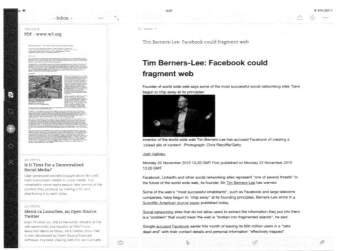

Evernoteで手元のファイルからウェブ情報まですべて整理できる

HACK 126 「読まない」ことが読書の極意

たまに、自分の読書量を冊数で自慢している人を見かけます。1日に1冊、いや2冊、年間で1000冊といった具合にです。

残念ながら、こうした人が本当に読書による恩恵を得ていることは稀です。1日で軽く読める本にも良いものはありますが、そうしたものばかりを読むのは毎日ファストフードを食べることが食事の豊かさとは無縁だということに似ています。

日本における年間の出版点数は8万点にものぼります。海外の有益な本も、過去に出版されたすべての本も含めれば、とても網羅しきれる数ではありません。私たちは人生のすべてを懸けたとしても、ほとんど何も読むことなくこの世を去るのです。

そこで読書の極意は「何を読むのかを選ぶこと」、つまりは**「何を読まないのか」に対して極めて厳格であること**です。この点につき、田中菊雄氏は名著『現代読書法』で1章をあて、エマーソンからカーライル、小泉八雲らを引用して解説をしています。その骨子は、

1. 時間を経て、他の人の評価を経た本のみを読むこと
2. 自分が読みたいと感じる本を読むこと

という、互いに互いを補完する2つの指標に集約されます。

「時間や他人の評価を経た本」は、古典や、人気の高い本です。そうした本は読む前から得られる喜びやメリットを想定するのに向いています。**「自分が読みたい本」**とは、他人の評価とは関係なく、自分にとって読むことが喜びや人間的な成長につながる本のことです。これには直感と、ある程度のトライ・アンド・エラーが必要です。

ほとんどの本は最初から読む必要がないことを念頭において選び、読んでいる最中であっても必要がなさそうならやめてしまうこと、こうした「読まない」選択が、本当に読むべきものへと導いてくれるのです。

HACK 127 「速く読む」ために、頭の中の声をマントラで抑制する

　私はあまり速読には重きをおいていません。1冊の本を数十分でスキャンするように読める、写真を撮るようにページを記憶できると主張する人もいますが、たいていは内容に対する先入観に基づいた飛ばし読みに過ぎず、本を味わうことにはつながらないからです。

　それでも、平均的な速度を上げるために気をつけることができることはいくつかあります。何も考えずに読みはじめるのではなく、あらかじめ目次や節見出しを頭に入れて本の構造を立体的に構成しながら読むことや、ページ中の意味を探しながら読む**スキミング**という方法を意識して読むことなどです。

　人によっては、声に出さずに意識の中で音読をしてしまうという癖をもっている場合もあります。これを抑制して、目の動くスピードで読むことができれば、読書を加速することが可能です。

謎の言葉「インガー」

　こうした心の中の声を抑制する方法として、私が師事した高校の心理学の教師が勧めてくれたのが、**無意味な言葉を読み上げながら目で文章を追う**という方法です。

　意味のある言葉だと読んでいる内容と干渉してしまいますので、その人は「Inger（インガー）」という意味のない文句を頭の中で唱えながら目を走らせることを教えてくれました。

　頭の中で文章を読み上げそうになった場合は、舌の上でこうした無意味な言葉を仏教のマントラのように転がしつつ、目だけを素早くページの上に走らせます。このとき、ページの一番端まで目を動かすのではなく、中央部分を往復することで視界の端に行端が引っかかるようにして読むとさらに効果的です。

HACK 128 速読の代わりに、いくつもの本を同時に読む

　速読には限界がありますが、実はすべてのすきま時間で常に本を読み続けることで、全体の速度を上げることはできます。そのためには、**いつでも、どんな場面でも開くことができる本を複数用意しておく**という方法があります。

　多くの読書家が実践しているのは、たとえば自分の部屋でゆっくりと読む本、通勤の途中で読む本、リラックスしたいときに読む本、といったように複数の本に同時に取り組むことによって、常になんらかの読書が進んでいるようにすることです。

　たとえば読むのが難解な本を1冊だけ読んでいて、それが終わるまで他の本に手を出さないということをしていると、短い時間や、難しい本を読む気分ではない時間を読書にあてられなくなってしまいます。

　それを避けるために、難解なものと平易なもの、勉強のための本と遊びのためのもの、持ち歩けるものと分厚いもの、紙の本とデジタルの本といった組み合わせで複数を同時に読むことで、さまざまな時間を読書に割り当てることができるのです。

　複数の本を同時に読む場合は、特に難解なものや、筋を覚えていなくてはいけない本についてHACK129で紹介するように読書ジャーナルをつけておきます。また、小説の終盤などのように特に大切にしたい箇所は意識して時間を割り当てるといったように、それぞれの本を味わうためのペースも考えたいところです。

　この方法においては、同時に読むとよい冊数は、人によってまちまちです。2冊という人もいれば、6冊ほどを同時に進めるという人もいます。重要なのは、数をこなすことではなく、限られた時間で本を味わうための最適なペース作りなのです。

HACK 129

毎日の「読書ジャーナル」をつくる

　読書の記録をつける際に「読み終えてから感想を書く」のでは遅すぎる場合があります。

　1冊の本には議論が多岐にわたるものや、小説の場合にはプロットが複雑で読み終わるころには最初のあたりを忘れそうになっているものもあります。そうしたときに、毎日読んだ分の内容をメモしてつないでゆく**読書ジャーナル**をつけたほうが、読書体験をより忠実に記録し、あとで内容を思い出しやすくなります。

　なかには本に対する評価を途中で下してはいけないと考える人もいるようですが、序盤で「ちょっと退屈だ」と書き留めていた本が、ある章を境にページをめくるのを止められなくなったというのも、読書家としての楽しみの1つです。そうしたことも記録しましょう。

　私はiPhone、iPad、macOS上のジャーナリングアプリとして人気のある**DayOne**を利用して読書ジャーナルをつけています。DayOneの場合、1日にいくつメモをつけてもいいですし、メモをつけた場所や天気も自動的に記録してくれます。本のタイトルをタグにして整理すれば、複数の本を同時に読んでいても、混乱せずに1冊の本のジャーナルを整理することが可能になるのです。

DayOneで読書ジャーナルを作る

HACK 130 Audibleを使って本は耳で聴いてしまう

　本を開いて目で読む時間だけでなく、そこに、**オーディオブック**を使って「耳で読む」習慣を加えれば、無理なく読書時間を増やすことができます。

　オーディオブックの最大手は、米国AmazonのAudible（オーディブル）ですが、私はAudibleで毎月2冊の本のクレジットが付与される定額サービスを使い、どんなに忙しいときでも職場との行き帰りで1時間ほどを洋書の読書にあてています。

　一般的なオーディオブックの長さは6〜8時間ほど。長い小説なら15時間ほどですが、これを1日に1時間ずつ読み進めることで、1カ月で2冊を読破できるわけです。**移動にあてていた時間が読書時間に変わる**のですから、時間の錬金術といってもいいでしょう。

　本を耳で聴くのは難しいイメージがあるかもしれませんが、慣れればむしろ自然な体験に変わります。Audibleのスマートフォンアプリなら、ボタン1つで30秒巻き戻したり、朗読速度を変更したりすることが可能です。混乱してきたら、ページを戻って読み直すのと同じ感覚で巻き戻すようにすれば、しだいに耳で本が読めるようになってきます。

　日本版Audibleのサービスは、米国Audibleの洋書ほどの点数はないものの、聴き放題のサービスになっています。今後しだいに利用が伸びてくることが期待される分野です。

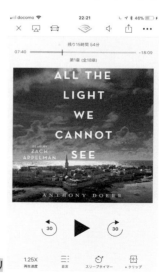

AudibleのiOSアプリ

HACK 131 記事を耳で「読む」ためのPocketの読み上げ機能

前項ではオーディオブックのサービスAudibleを紹介しましたが、同じことをパソコン上で記事を読む際にもできると便利です。

いまではWindowsにもナレーター機能や、同様の機能を持つフリーソフトがありますし、macOSも複数の声色に対応した読み上げ機能を持っています。これを利用すれば、別の作業中をしている間に耳で情報を読み取ることが可能になります。

同様の機能をスマートフォンで実現するのに便利なのが、HACK111で紹介した**Pocket**の**TTS（Text-to-Speech、テキスト読み上げ）機能**です。

Pocketは前述の通り、保存した記事を装飾のないフォーマットに変換しますが、TTS機能はその部分だけを、必要に応じて飛ばしながら、そして速度を変えながら読み上げます。こうして、保存しておいた記事を次々に耳で処理してゆくことができるわけです。

読み上げている場所はハイライト表示されますので、英語の記事の場合には、発音とともに文章を追う語学練習にも使うことができます。

PocketのTTS機能を利用する

HACK 132 洋書を短い断片に分けて送信してくれる Serial Reader

　私は、自分が初めて洋書を1冊、夢中になって1日で読み終えた日のことを決して忘れないでしょう。数年間の英語学習の間、最初のころは1日に1〜2ページしか進まない期間があったものの、しだいに1日あたりのページが10ページ、20ページと延びていたときに、それは突然やってきたのでした。

　外国語の学習はこのように、初めはゆっくりと進み、ある日一気に進む傾向があります。洋書を読んでみたいという人は、最初は1日に1段落、1日に1ページから始めるのでよいのです。

　そうして多少経験を身につけたころに使いたいのが、さまざまな古典を1日で読むのにちょうどいい量を毎日配信してくれるアプリ、**Serial Reader**です。

　Serial Readerには英文学や世界文学の翻訳の定番に加えて、初期のSFや怪奇小説などといったマニアックなものまで、興味をそそられるコレクションが多数含まれています。

　このアプリで、私はブラム・ストーカーの『ドラキュラ』を54回で、オスカー・ワイルドの『ドリアン・グレイの肖像』を29回、そしてフィリップス・ラヴクラフトの『クトゥルーの呼び声』を5回に分けて読破することができました。

Serial Reader

HACK 133 知的限界を突破する「ディープ・ワーク」の時間をもつ

マネジメントの世界では**ピーターの法則**という、いささか気落ちさせられる経験則が知られています。それは、能力主義の世界において人はその才能の限界まで出世するので、その限界＝無能になった職階で出世が止まるというものです。結果として、あらゆる人がその人なりに無能な場所で足踏みをするというわけです。

これにはもちろん「その人が成長をしなければ」という前提があります。しかし多くの人は惰性で、できる範囲のことで忙しくしていますので、ピーターの法則は現実の良い描写となるのです。

ブログ Study Hacks の管理者のカル・ニューポート氏は、そうした才能の限界を超えるために自分の知的限界を試す**「ディープ・ワーク」**の時間を定期的に持つ必要があることを著書で説いています。

ディープ・ワークは、単に集中して仕事をする時間を持つという話ではありません。いかに忙しくても、やり方がすでにわかっている仕事は本質的に成長に貢献しない「浅い」仕事なのです。

ディープ・ワークはそれとは違い、持っている知識とスキルを総動員して、**いまの自分の実力よりも少しだけ上の問題に取り組む**ことで成長を誘導するという、ストレスは大きいものの報酬の多い時間のことなのです。

興味のある分野があるなら関連する書籍を可能な限り網羅する時間を持つこと、プログラミングの趣味を販売できるレベルのソフトウェア開発にまで高めることといったように、何がディープ・ワークに相当するかは、自分の能力の限界を見つめるしかありません。

たとえば週にまとまった3〜8時間ほど、意識的に自分の知的限界に挑むディープ・ワークの時間を持つか持たないかで、能力の限界の場所で足踏みをするか、そこから1歩踏み出せるかが決まるのです。

HACK 134 | 集中的特訓で10000時間の練習を加速させる

　マルコム・グラッドウェル氏は著書"Outliers"でプロのバイオリニストやスポーツ選手をアマチュアと分けているのは定義しにくい「才能」ではなく、むしろ最低でも累積10000時間に達する練習を行ったかどうかという「**10000時間の法則**」を紹介しました。

　しかし、ただ同じ練習を10000時間行っても意味はありません。1時間1時間が成長を生み出すような、キモの部分を見つけ出す必要があるのです。

　大勢のチェス選手を調査した論文によれば、グランドマスターに到達する選手は、競技生活の最初の10年におよそ5000時間を過去の試合の研究に費やしていることが知られています。これは他の平均的なプロ選手の数倍に相当し、この部分が差を生み出しているわけです。このように、**差を生み出す場所をターゲットに練習することを「Deliberate Practice（DP）」手法**と呼びます。

　DP的な練習にはいくつかの特徴があります。プログラミングにたとえるならば、1. ただ達成するだけではなく、最も洗練されたコードを書く練習をする、2. 何度も同じレベルのプログラムを繰り返し作る、3. 他人にコードを公開してよりよい方法を指摘してもらう、といったようにです。

　学びたいスキルのうち、どの部分がDP的な練習に相当するのかがわかったなら、そこに最初に集中的に時間を投入することで、10000時間のうち、最初の1000時間で急速な成長を生み出すことができます。

　もちろん、それは最も困難な1000時間を先取りしているということでもあります。しかしDPを意識して先に成長を促したほうが、結果的に短い時間で高みに到達できるのです。

HACK 135 | 学びのジェットストリームを維持する

　たとえば英単語を学習する際に「1日に10単語を覚える」と決めて単語帳をつくり始めたとします。最初のうちは調子が良いのですが、「一度学んだものを忘れてしまってはいけない」「重複があったら嫌だ」と真面目に以前の単語を見直しているうちに、過去の蓄積が学習の歩みを止めてしまうという落とし穴にハマる人がよくいます。

　一度学んだことを忘れたくないという気持ちになるのは当然ですが、記憶は完璧にはできていません。利用していない記憶が時間とともにある程度消えるのは防げないのです。

　そこで「学習は蓄積である」という考えを捨てて、**「常に入ってくる新しい知識の流れを維持する」と考える**ほうが長い目でみて効果が高くなります。

　たとえば英単語ならば、毎日忘れてしまう分があるのを念頭に、忘れる以上に新しい単語を頭にくぐらせておきます。単語帳も、過去の蓄積や重複は気にせず、新しい学びがある状態を維持します。

　私はこれを「学びのジェットストリームに乗る」というイメージで説明することがあります。ジェット気流は、他の場所に比べて風が強い場所です。ここで風をとらえてさえいれば、同じ時間でしだいに遠くまで行くことができます。

　たとえば新しい単語を10個完璧に覚えるのではなく、半分は忘れることを受け入れて毎日20個学んでみましょう。忘れる部分は選択できませんが、時間が経つにつれ忘れずに残った得意な部分がしだいに強い流れを生み出していきます。

　長い目でみると、いつの間にか難しい英文も読めるようになっていて、どこで変化が起きたのかわからないかもしれませんが、それが「風をとらえて遠くまでゆく」ということなのです。

HACK 136 | Lyndaを使ってスマートフォンでスキルを学ぶ

　学びたいスキルの中には、文章や音声の説明だけでは効率が悪いものもあります。たとえばIllustratorやPhotoshopの扱い、プログラミング、写真撮影や動画撮影などといったものは、実際にツールを操作しているところや、作例などを目で確認できたほうが頭に入りやすいでしょう。

　そうしたときに利用できるのが、IT、クリエイティブ、そしてマーケティングの分野に強いオンライン講座を提供している**Lynda.jp**、および英語版の**Lynda.com**です。

　Lyndaには、たとえばAdobeの各種アプリケーションやプログラム言語別に、1本あたりの動画が5〜10分程度の短いチャプターが20本程度集まったコースが設定されています。パソコンでも、スマートフォンでも視聴することが可能ですし、プレミアム会員なら講座で使用したファイルなども提供されていますので、講師の解説した操作を自分で確認することができます。

　日本語版のコースも最近は増えてきましたが、英語版ではプロ向けの写真・動画撮影や、ビジネススキルなどといったコースもさらに豊富に用意されています。これらすべてのコースを日本版は月額900円（プレミアムは年間2万円）、英語版は月額$20（プレミアムは月額$30）で見放題となっていますので、学校に通うことを考えればかなり得です。

　初めてさわるツールやプログラム言語を学ぶ場合、初速が決め手になることがよくあります。Lyndaを使えば、最初の操作や知識の勘どころをつかむことができますので、トータルでかかる時間を大幅に短縮することが可能なのです。

HACK 137 オリジナル発音記号で英語の発音を正確にうつしとる

　アメリカの高校で学んでいたとき、私は必須になっていた2年間のフランス語の授業に悩まされました。苦労して英語の生活には慣れたものの、まったく新しい、聞いたこともない発音の世界がそこにはあったからです。

　言語を学習する際、発音できない音はなかなか聞き取ることができません。長い目でみると、**正確な発音を身につけることは学習の効率を上げる**のです。しかし正確な発音記号は数が多すぎたため覚えることができなかった私は、一つの折衷案に行き着きました。それがカタカナと、アルファベットを組み合わせたオリジナルな発音記号です。

- Facebook →「フェイスブック」:カタカナで十分なものはそのまま表記
- travel →「tラヴェル」
- content →「コンテンt」:t は「ト」と書きません。カタカナで表記すると不正確になるものはアルファベットに
- reading →「ri ― ディング」:R か L かを明示する
- computer →「コンピュ↑― ter」:イントネーションは矢印で表示

　これらの記法は私にとってわかりやすい方法で、やり方は人それぞれですが、重要なのは、見ただけでなるべく正確な発音が脳裏に思い浮かぶように工夫をする点です。

　こうした工夫もあって私は、のちにはヘブライ語なども学習し、言語の発音を収集するのが楽しみになりました。発音は後回しにすべきものではなく、その言語の面白さへの近道なのです。

HACK 138 クリップボード履歴ツールは、小さな縁の下の力持ち

あまり意識しないかもしれませんが、パソコンにおける作業のかなりの部分は、作成した文章やファイルをコピーしたり、移動したりすることです。

このとき、10個の記事の表題とURLをコピーするために、1つをコピーしてペースト、もう1つをコピーしてペースト……と繰り返しているのは非常に非効率です。

そこで導入したいのが、複数のコピーを保持して、あとでまとめて呼び出すことができる**クリップボード履歴ツール**です。これを使えば、「10個のタイトルを次々にコピーしておいて、順番にペーストしてゆく」ということができます。

単純だけど、超便利

Windowsなら、コピーした文章の「先入れ先出し（FIFO）」か「後入れ先出し（LIFO）」を選択できる**Clibor**か、画像などの履歴も保持できる**CLCL**が人気です。Macの場合は、同様にテキストや画像の履歴を保存できる**Paste**や**Pastebot**といったアプリが、テキストの整形の操作やiCloud同期機能も持っていて便利です。

クリップボード履歴ツールは、ほんの数秒のマウスの反復をなくしてくれるに過ぎません。しかしあまりに基本の操作をラクにしてくれるからこそ、繰り返すうちに大きな違いが出てくるのです。

macOSのPaste

HACK 139　Gmailの検索をマスターする

　GoogleのメールサービスGmailの強さは、その容量と検索機能にあります。特に検索機能については、過去の膨大なメールに対して詳細な絞り込み検索を行うことができますので、メールは基本的にアーカイブして好きなときに検索で探すという使い方をするのが時間短縮になります。

　Gmailには単純にキーワードで検索するだけではなく、さまざまな検索方法があります。とりわけ便利なのは、**添付ファイルの有無と、その容量で絞り込む方法**です。

　この方法を数種類知っているだけで、「送り主×添付ファイルの有無」「期間×添付ファイルの容量」といった交点でメールを絞り込むことができるのです。メールを探す回数を考えるなら、こうした絞り込みで削減できる手間は膨大です。

　これらの検索方法は多少複雑ですので、早見表を作って机に貼っておくのがおすすめです。

- from / to　　　　subject
- OR 演算子
- 除外演算子
- has:attachment
- has:drive, has:spreadsheet, has:youtube
- filename:pdf（拡張子絞り込み）
- is:starred
- after / before / older / newer
- size / larger / smaller
- label:

HACK 140 アプリケーションランチャーを使わない手はない

パソコン上のアプリケーションを起動するのに、いちいちマウスで探したり、画面上のドックを利用したりしていませんか？

1日に何十回も行う操作は、できる限り省力化したいところです。アプリケーションの起動なら「秒速」でできるのが理想です。

そうしたときにぜひ導入して使い方を覚えておきたいのが、**アプリケーションランチャー**です。MacならばAlfred、Windowsならばwoxなどといったものがありますが、これらのアプリはショートカットで呼び出し、起動したいアプリの名前を1〜2文字入力するだけで候補を絞り込んでくれます。あとはエンターキーを押すだけで起動。慣れれば1秒です。

エレガントな操作に

アプリケーションランチャーは、アプリの起動だけではなく、コンピューター内のファイルの検索、コピー、移動、メールの送信などといった、マウスで操作するなら2〜3ステップかかるものを一瞬に短縮してくれます。

これは、ちりも積もれば山となる時間短縮であるとともに、キーボードから指を離さずにさまざまな操作を実行できるところがストレス軽減になります。

パソコンの操作を、ぎごちないマウスの動きではなく、エレガントな数キーの打ち込みに変えることができるのです。

macOSのAlfred

SECTION 04

HACK 141　職場のメールを、Gmail で送受信する設定

　会社などの組織で使っているメールシステムが使いにくい場合には、**届いたメールをすべてGmailに転送してしまう**のが便利です。

　このとき、送信するメールに対してエイリアス機能を活用すれば、あたかも会社のメールアドレスから送信しているように見せつつ、実際はGmailで運用することが可能です。

　この機能を使うには、Gmailの設定欄でアドレスを追加し、そのSMTPサーバーとユーザー名・パスワードを入力してアカウントを追加します。次に、会社のメールに届いた確認メールを開いて確認用のリンクをクリックすれば設定は終了です。

　あとは、会社のメールアドレスから送信しているように見せたい場合は、Fromを選択して送信することを忘れないようにするだけです。

　同様の運用は、G Suite の一部である有料のGmailサービスを利用することでも実現できます。会社や、自分の取得したドメインのメールアドレスをG Suite上で運用すれば、Gmailのすべての機能がどのメールアドレスでも利用可能になるのです。

Gmailで職場のメールアドレスも追加してしまう

読書・情報収集・学習「情報は減らして管理する」

HACK 142　duetでiPhone/iPadを外部ディスプレイにする

いまではデスクトップパソコンではなく、ノートパソコンを主に使う人が大半になったと思いますが、処理能力は向上する一方で画面の狭さはなかなか解決しません。

1つの解決方法は、机では外部ディスプレイを使い、マウスとキーボードを接続することですが、パソコンを使っていないときにディスプレイが邪魔になるというデメリットもあります。

そんなとき、iPhoneやiPadをMacやPCの外部ディスプレイにする「duet」が便利です。パソコンとiPhone/iPadの側にそれぞれアプリをインストールし、両者をLightningケーブルで接続すれば自動的に2つ目のディスプレイとして認識してくれ、タッチパネルとしても利用可能になります。

たとえば集中して作業している間、音楽再生アプリを2つ目の画面に追い出しておけば便利です。また、タッチで操作したほうが便利なアプリもあるので、そんなときにも2つ目のディスプレイが役に立ってくれます。

duetでiPad Proをセカンドディスプレイにする

HACK 143 クラウドストレージをメインの作業場所にする

　クラウドストレージといえば、以前はパソコンの一部を同期するための手段でした。しかし、しだいに、クラウドストレージがパソコンのOSの一部分として利用することが前提になるケースが増えています。

　たとえばアップルのiCloudの場合はデスクトップのファイルを同期することが可能で、同様のファイルをiPhoneなどからでも利用可能になっています。

　Googleドライブも、「バックアップと同期」アプリへと移行が進み、パソコン全体のバックアップができるようになっています。しだいに「ローカル」なファイルとネットワーク越しのファイルの違いはぼやけてきたのです。

ファイルがあなたに「ついてくる」

　クラウドストレージを、ファイルの同期場所と考えていた人は、この際、**クラウドストレージこそが主要な作業場所**だという使い方に変えてみましょう。

　そうすることで、作業のファイルが特定のパソコンに依存して存在しているのではなく、あなたの行く先々について回るようになります。職場で作成し、自宅で追記し、iPhoneで間違いを訂正し、いつでも同僚にシェアできる抽象的な仕事場になるのです。

　クラウドストレージはさまざまありますが、MacユーザーならばOSやアプリとの親和性が高いiCloudを、PCユーザーならばOfficeとの親和性の高いOneDriveが、こうした利用方法には最適です。また、GoogleのG Suiteを使う人にはGoogleドライブが自然、といったように、作業の軸足によって最適なホームが決まります。

HACK 144　Gmailのメールの固有リンクを活用する

　Gmailの便利な仕様に、「**メールそれぞれが固有のURLになっている**」という点があります。受信箱に入っているメールを1つずつクリックして見てみると、メールの1つひとつのURLが違っているのです。そして、URLが違うということは、「1つひとつのメールそのものにハイパーリンクできる」ということ。これにはさまざまな活用方法があります。

　たとえば、メールでやってきたスケジュールをカレンダーに記入した上で、予定の詳細についてはメール文を参照するために、メモ欄にこの固有URLを貼っておくという使い方ができますし、ToDo管理アプリ内でも、タスクのメモ欄にメールへのリンクを挿入しておくといった使い方もできるわけです。また、何度も参照する必要があったり、あとで読みたいと考えているのなら、メールへのリンクをEvernoteのノートの中で利用するといったこともできます。

　このURLはメールアカウントを認識していますので、閲覧する権限のない他の人に見せたとしても、ログインを促されるだけで、その人は読むことができないので安心して利用できます。

カレンダーのメモに、メールの固有リンクを入れる

HACK 145　Gmailフィルターでメールを1通でも減らす

　すべてのメールをGmailでまかなうのにはいくつかのメリットがあります。Googleの強力な検索機能を使うことができる点、容量をほとんど気にする必要がない点、そしてGmailフィルターなどの高度な分類機能を使える点などです。

　なかでも、**Gmailフィルター**は時間をかけて構築したいあなたの時間の門番です。いくらメールの扱いに注意していたとしても、長く使っているメールアドレスにはしだいに関係のない連絡、プロモーションのメールなどといったように、"消す"だけのものが受信箱を埋めてゆくようになります。

　そうした**時間泥棒のメールが受信箱に届く数を1通でも少なくする**ようにフィルターを作っていきます。フィルターには、分類の仕方によっていくつかの組み立て方があります。

- 送り主：この送り主からのメールはすべて消しているというケースについては、この欄で最初から受信箱をスキップして削除するように設定します
- 件名：関係のない会議の連絡などのように、一部の絶対に応じることがないメールは件名のキーワードで判別して受信箱をスキップした上で、ラベルをつけて保存しておくようにします

　逆に、特定の送り主からのメールに必ずスターをつけておくといった特別扱いも可能です。

　アテンションを使うべき相手には使い、そうでないものは最初から目に触れないようにする、そうした情報の分流のためにGmailフィルターは使えるのです。

HACK 146 デスクトップを「押し出しファイリング」で管理する

野口悠紀雄氏の『「超」整理法』には、書類を封筒に入れ、使用するたびに棚の最も左側に配置して、少しずつ使用頻度の低いものから追い出す**「押し出しファイリング」**法が提案されています。

私の場合、紙の書類が減るにつれ、この方法を使うことは減ってきましたが、同じ手法をパソコンのデスクトップに適用することでフォルダやファイルを時系列で管理できるようになります。

まず、デスクトップには「@working」と「@archive」という2種類のフォルダを作ります。頭に「@」がついているのはデスクトップを整頓した際に最も上にくるための工夫です。

現在進行中の仕事については「@working」のなかに、「2017.07.07 請求書」といった形式で、頭に開始日をつけたフォルダを作成し、そこに関連するファイルをすべて入れておきます。仕事が進むにつれて、しだいに「@working」の中にはフォルダが増えていきますが、日付が古いものはたいてい完了したものですので、整理をする際にはそれらから外部ハードディスクなどに格納し、まだ進行中の場合は日付を更新して対応します。仕事の中にはHACK066で紹介したようにテンプレートとして使用したいものもあります。そうしたものは「@archive」に移動して、動きの少ない保管場所として運用します。

こうしてデスクトップ上のファイルが常に進行中のものだけになって、容量が足りなくなった際にもどこから削除すればいいのかが明確になるのです。

押し出し式のデスクトップ整理方法

SECTION 05

発想・アウトプット・思考

「自分だけのアイデアがある」

情報に価値を付加することで、あなただけのオリジナルなアウトプットが生まれます。独創的なアイデアを生み出し、人に伝えるためのテクニックを紹介します。

HACK
147

HACK
166

HACK 147 | アイデア法（1） すべての発想はリミックスである

　新しいアイデアを考えつかないといけない。そんなときに利用できるのが、**リミックスの発想**です。

　映像作家のカービー・ファーガソン氏は、2012年の『すべてはリミックスである』という作品で、レッド・ツェッペリンからスター・ウォーズに至るまで、クリエイティブな仕事の多くは既存のものを下地にして作られていることを紹介しました。

　たとえば『スター・ウォーズ』のさまざまなモチーフが黒澤明の時代劇、『暁の出撃』のような戦争映画、そしてフランスのSFコミックなどから採られて合成されたものである、といったようにです。

　ファーガソン氏は、こうした「リミックス」は過去の素材を**1. コピーし、2. 変容し、3. 合成するという3段階で起こる**としています。

　アイデアを生み出すときにはこの3段階を意識して、元にする素材を選択し、たとえば時代劇の舞台を宇宙に変えるといった変化を加え、それがオリジナルなアイデアになるまでリミックスを繰り返すというステップを踏むことで、それを加速することができます。

HACK 148 アイデア法（2）大量の悪いアイデアをつくる

　良いアイデアだけを生み出すことはできません。しかし、大量の悪いアイデアを生み出すことならばできます。そして実は、それが良いアイデアを作るための鍵なのです。

　心理学者のキース・ソーヤー氏は"Explaining Creativity"において、一瞬のひらめきに思える発想が、実はさまざまな組み合わせやデータの蓄積を経てじわじわと進んだ結果、最後の小さな一歩として生まれる傾向があることを指摘しています。

　発明王トーマス・エジソンが米国史上個人に与えられた数としては最多の1093件もの特許を申請できたのは、その背景に3500冊ものノートを生み出すほどアイデアの「量」にこだわったからです。

　大半のアイデアは現実的ではない「悪い」アイデアです。しかし量にこだわったからこそ、そこから一握りの成功が生まれたのです。

　そこで、逆説的に聞こえますが、アイデアを考える際には**良いアイデアを生み出す方法ではなく、大量の悪いアイデアを生み出す仕組みに注意する**ほうが近道になります。

　HACK155で紹介するユビキタス・キャプチャーの習慣を使って思いつきをすべて記録するのも、ブレインストーミングといった手法で思いつきを大量に出すのも、悪いアイデアを出す手法の1つです。

　習慣として、**毎朝5つのアイデアを書き留める**という方法も、ビジネスのアイデアを探す起業家などがとる手段です。毎朝5つのアイデアを出すとなると、5つ目は無理のある、ひどいアイデアになりがちです。しかしこうしてさまざまな組み合わせを模索するうちに、誰もたどったことのない発想に行き着くことがあるのです。

　物理学者のニールス・ボーアは、専門家とは「非常に狭い範囲で、生じうるすべての間違いを経験した人」だと言いました。すべての間違いをおかした先に、ようやく可能性が見えてくるのです。

HACK 149 アイデア法(3)「執着期間」で狂ったように発想する

アイデアを生み出すためのテクニックは種々ありますが、問われることが少ないのが、それに向かう私たちの心のありようです。

HACK148で紹介したように、大量の悪いアイデアを、その大半が採用されないことを知りながら生み出し続けることにはちょっとした狂気が必要です。英語では"obsession"(執着)と呼ばれる領域まで、そのテーマについて考え続けるのも、1つの才能なのです。

たとえばウィルソン・ベントレーは15歳で顕微鏡を通して雪の結晶を見て以来その魅力に取りつかれ、生涯に5000枚もの写真を撮っていますが、彼の結晶の分類に対する情熱があってこそ、その後の日本の中谷宇吉郎などの研究者の人工雪の研究が進んだと考えられています。もしベントレーが1000枚や、500枚でやめていたら、そのようなつながりは生まれなかったかもしれません。

心理学者のエリック・メイゼルは、こうした先人の観察を通して、与えられたテーマについて集中的に時間と心理的な投資を与える**「執着期間」を1カ月単位で持つこと**のメリットを、その著書である"Brainstorm"で提唱しています。

時折、決められた時間に1時間ずつといった使い方ではなく、この期間中はずっと、同じことについて考え続けるのです。心理的にも、この期間中は見えないライバルがいるかのように、そのテーマについての執着度を高めます。

やってみるとわかるのですが、私たちは訓練しないと同じことを5分、10分、あるいは1時間と連続して考えることができません。1カ月の時間を割り当てるのが無理なら、まずは同じテーマで1時間連続して考えるという特訓から始めてもいいでしょう。

こうして時間的にも心理的にものめり込むことで、小手先の論理的な組み合わせだけではたどり着けない深みへと到達できるのです。

HACK 150 アイデア法（4）情報カードの星座でパターンを見出す

　練習とととともに、手元には大量のアイデアの種がそろってきますので、次にそれらの間の関係を見出すことで、「アイデアのリミックス」は仕上げの段階に進んでいきます。このときやはり便利なのが、アイデアを1枚の紙に封じる、情報カードです。

　カードには、興味を持って集めた資料の抜き書きや、ブレインストーミングで出てきた着想などを1枚につき1項目で書いていきます。必ず表題をつけて、1枚のカードに1つのまとまった思考や情報が封じられているようにします。

　カードは一見、情報を分類して整理するために作っているように見えますが、そうではありません。**カードは頭の中に収まりきらない情報を外部化して、操作することによって、新しい発想を生み出すための仕組み**なのです。

　民族学者の梅棹忠夫氏はカードの利用を多くの人に広めた『知的生産の技術』において、「一見なんの関係もないようにみえるカードとカードのあいだに、おもいもかけぬ関係が存在することに気がつくのである」「カードは蓄積の装置というよりはむしろ、創造の装置なのだ」と書いています。

　初めてカードを使う人は、市販されている100枚程度から始めるという人が多いと思いますが、私はそれを10倍にした**1000枚から始める**ことをすすめています。

　100枚程度はあっという間に使いきってしまうくらいのスピードで情報と発想を集めてみて初めて、自分が頭で考えられる世界の先に、新しい可能性があることに気づくことができるからです。

　人は、星を見ればそこに星座を見出さずにはいられません。それと同じように、大量の情報カードを目の前に並べたところに、アイデアの星座は浮かび上がってくるのです。

HACK 151 シャワーのなかでアイデアが浮かぶ理由

中国・北宋時代の政治家であり文人の欧陽脩は、よい考えが思い浮かびやすい場所として馬上（馬の上）、枕上（寝る前）、厠上（便所の中）の「三上」があると記しています。

興味深いことに、英語にもアイデアが浮かびやすい3つの場所として、頭文字をとった「3B」という言葉があり、それはBed, Bath, Busと、やはり三上と似通っています。実際「シャワーの中」はアイデアが浮かびやすい場所としてすっかり認知されていて、シャワーの中でアイデアを書き留めることができる製品も開発されているほどです。

これは本質的にはシャワー自体がクリエイティブさを刺激しているわけでも、乗り物自体が脳を刺激しているわけでもありません。むしろ、それまでずっと取り組んでいた問題からいったん離れ、異なる場面設定で考え直したときに、それまで見えなかった関係性がひらめくという現象です。

シャワーや乗り物に乗る場面などが特にそれに向いているのは、多くの人にとってそれが無意識にできるほどに単純作業になっているからといえます。たとえば釣りをしているときや、ランニングをしているときなども、こうしたひらめきが生まれやすい場面です。

そこで、これを**「発想したいときにはコンテキストの違う単純作業をする」**という形でテクニックにして取り入れることができます。机に座ったままでいたなら、違った種類の単純作業をしてみたり、メモをもって散歩に出かけたりするのです。

シャワーを浴びれば必ずアイデアが浮かぶわけではありませんが、このようにして、考えている問題について急に連想や発想が働くという現象を引き起こしやすくすることはできるのです。

HACK 152 テーマを決めて、歩きながら考える

　歩きスマホが、いまは大きな問題になっています。スマートフォンの画面に集中したまま歩いて他の人や物にぶつかるばかりではなく、電車のホームから落ちる人もいるほどです。

　目的地に向かって一心に歩いている時間はどこか生産性が低い気がするので、スマートフォンで友人とのやりとりをしたり、動画の続きを見たくなる気持ちは理解できなくもありません。しかし歩いている時間はもっとアクティブな考え事の時間にもできるのです。

　プラトンやアリストテレスらが歩きながら講義し、議論したことから逍遥学派と呼ばれ、ニーチェもルソーもカントも歩くことと思想とを結びつけていたことからも知られる通り、**歩くことは考えることと等しい**のです。

　とりとめもない考えを広げながら歩くのも楽しいですが、もっと集中した考え事をしたいならば、「**テーマを決めて歩く**」という習慣がおすすめです。

　まず、出発時に「これから目的地まではこのテーマについて考える」と決めておきます。これから書こうとしているブログ記事について、最近あったニュースについての感想、人生についての悩みなど、なんでもかまいません。

　歩いている最中はそのテーマだけについて考えます。ときおり信号で立ち止まったり、ホームで電車を待ったりしているときだけ、スマートフォンを取り出してメモをしてもよいですが、それ以外の時間は考え事に集中します。

　たったこれだけのルールでも、1つのテーマに集中して考えることによって歩いている時間は豊かな知的活動の時間へと変化します。

　慣れてくると、歩きスマホをする時間が逆にもったいなくなってくるはずです。

HACK 153 梅棹式「こざね法」でアイデアの断片をストーリーにする

　カードやメモ用紙を使ってアイデアを大量に集めるのは、1枚1枚の紙の中に考えの断片を封入するためです。カードを原子とみるなら、それがしだいにつながって分子となることによって、単なる思いつきが1つの一貫した考えに成長するわけです。

　これは、たとえば論文やリポートなどといったひとまとまりの考えをつくるときに特に重要なプロセスです。結論のアイデアだけでは原稿はまとまりません。アイデアと、そこに至る前提や議論の流れが必要なのです。

　カードの利用方法について『知的生産の技術』で詳細に解説した梅棹忠夫氏は、カードからアイデアのつながりを生み出すために「**こざね法**」という手法を開発しています。

　まず、いま手がけている仕事に関連した情報や思いつきをカードで目の前に並べて、しだいに話の流れができてくるまで情報を追加し、並べ替えをするという前段階があります。こうしてつながりが見えてきたなら、ストーリーの順番に、カード同士をホチキスで留めていきます。あとはこれを上から順に、まとまった文章や段落にするだけで、首尾一貫したストーリーが生み出せるのです。

　このカードをつなぎ合わせた形が、中世のよろいを構成する、小さな鉄や皮の破片を糸でくくりつけた「小札」（こざね）に似ているので、この名前がついています。

　こざねはデジタルで作ることもできます。たとえばmacOSの文章作成ツールScrivenerはツール内でカードを作成し、短い文章を結合することでより長い文章を構成することができます。また、似たような仕組みはEvernoteのノート結合機能で実現することもできます。

HACK 154 アウトライナーで、マクロとミクロの思考をつなぐ

情報カードと並んで、アイデアを整理するためのツールとして人気があるのが**アウトライナー**です。

アウトライナーは、折りたたみが可能な、箇条書きで文書を管理するソフトウェアです。思考を構造化した文章として捉えられる、自由に行を組み換えることができるという利点があります。

たとえば本を執筆するためにアイデアを出しているとして、アウトライナーに1章、2章……という具合に項目を作り、さらにその下に節の小見出しを入れたところでアイデアに詰まったとします。

今度は、本の中にぜひ入れたい細かい話題について、「未定」という項目の下にどんどんと追加しているうちに「この項目は2章で使える」と気づいてその行を、先ほどの2章の項目の下に移動する……。

このようにアウトライナーはマクロの側からでも、ミクロの側からでも考えを捉えて、すぐに順序を入れ替えていくことができるという特徴があります。

アウトライナー機能はWordにもありますし、専用のアプリとしてmacOSの**OmniOutliner**、ウェブサービスとして**Workflowy**に人気があります。

特にWorkflowyは、アウトラインのどの部分であってもそこにフォーカスをあてて表示する機能によって、素早くマクロとミクロの視点を切り替えることができるデザインに定評があり、知的生産ツールの新しい定番となっています。

Workflowy

HACK 155 | 記憶を記録に変える ユビキタス・キャプチャーの習慣

　アウトプットを意識しはじめると、すぐに「何を書けばいいのか?」と悩みがちです。それに対する簡単な答えは、忘れたくないことを自分の言葉で書くことです。

　私たちの記憶は思った以上に脆弱(ぜいじゃく)で、消えやすいものです。起こった出来事を保管している短期記憶はせいぜい5〜7個ほどの事柄しか記録できませんし、それは新しい情報が入るたびに押し出されて消えていきます。"The memory Illusion"のジュリア・ショー氏によれば、ある程度印象に残った長期記憶も常に歪められ、書き換えられ、簡単な誘導尋問で嘘の情報に上書きされるものなのです。

　そこで、忘れるよりも早くモレスキン手帳や、情報カードなどに、感じた印象をそのときのままに記録することで、あとで再生可能にするという習慣が重要になります。まさに、記憶を、記録に変える習慣です。私はこの習慣を、すべてのことを(ユビキタス)記録する(キャプチャー)ことから「**ユビキタス・キャプチャー**」と呼んでいます。

　自分が忘れたくないと感じていることは、自分だけにしか書けないオリジナルな内容でもあります。だからこそ情報アウトプットのかっこうの練習にもなるのです。

ユビキタス・キャプチャーを実践する

　では、具体的に何を、どのようにしてキャプチャーしていけばいいのでしょうか?

　キャプチャーに向いている情報としては、1.日々の出来事、2.アイデア・思いつき、3.読書などのインプットの感想、4.忘れたくない思い出や記憶が挙げられます。

　キャプチャーをするときには必ず時系列順に、その場で書き込んで

いきます。このとき、「こんなことを書いても意味がない」などとハードルを自分で高めてはいけません。なんとなくあとで思い出したくなる気がしたなら、それをそのまま書いておくのです。

　私はモレスキン手帳を利用して、日付と見出しを入れ、その後に1段落ほどの文章で、記憶をまるで小説の一場面であるかのように描写します。そうすることで、あとで読んだときに再生しやすくなるからです。

　慣れてきたら、キャプチャーには絵や写真、子どもの描いたラクガキの断片や切り抜きなどを、そのまま貼り付けていきます。
　ユビキタス・キャプチャーの習慣を続けていると、しだいに人生そのものを手帳やノートの中に保存しているような、**記憶を外部化**できたような境地になってきます。金曜日になるころには月曜のことを忘れていたのが、何年も前の、ある日付に起こった出来事も今日のことのように再現できるようになってきます。
　そうした記録は情報アウトプットの素晴らしい練習になるだけではありません。
　あなたが人生において大切に思っているさまざまな出来事が、家族との一瞬の思い出が、薄れて消えてゆく感動が、記録して残せるようになるのです。

HACK 156 ユビキタス・キャプチャーをモレスキンで実践する

　ユビキタス・キャプチャーをする際に、どんなノートを使うかは自由です。しかし私はふだん、ページが膨大にあって持ち運びやすい**モレスキン・ノートブック**を使うことをおすすめしています。

　モレスキン・ノートブックのポケットサイズの場合192ページ、ラージサイズなら240ページあります。ページ数が多ければ、どんなに書いていても余裕がありますので、残りのページ数がなくなるかもしれないと手控えたりすることがなくなるのです。

　モレスキン・ノートブックならば、1週間ほどの旅行先でどんどんと思い出を書き込んでいても、そうそうページを使い尽くすということはないという安心感があります。

　また、モレスキンは保存にも適しています。つくりが頑丈なのでなかなか壊れることはありませんし、使い終わったノートブックを本棚に並べておけば、まるで高級な革張りの洋書が並んでいるように見えて目を楽しませてくれます。

　モレスキンでキャプチャーをする場合は、最初は目安としてツイッターでつぶやくくらいの、**最大でも140文字の分量で細かく日常を捉えてゆく**と無理がないでしょう。

　140文字程度がノート上で何行ほどになるのか調べたら、およそその行数を単位に、覚えておきたいことを書き留める練習をします。慣れてくれば、140文字の単位を鎖のようにつないで、より詳細で長いキャプチャーもできるようになります。

HACK 157 ユビキタス・キャプチャーをスマートフォンで実践する

ユビキタス・キャプチャーを行うのに強力な助っ人がスマートフォンです。たいていはいつでも持っているものですし、写真や動画といったように文章と絵ではとらえきれないディテールを簡単に埋めることができます。

また、位置情報などといったようなデータも自動的に保存してくれますので、メタ記憶を「去年の」「アメリカ旅行で」といったように立体的に検索することもできます。

ユビキタス・キャプチャーに向いているアプリとしては、やはりDay OneとEvernoteが挙げられます。

特にDayOneは、記録する際に、その場所の都市名、天気といった情報も自動で付加してくれます。利用の仕方がもともと時系列順のジャーナルを作ることに特化していますので、記憶のキャプチャーには最適なのです。

1つだけ注意したいのは、スマートフォンだけでユビキタス・キャプチャーを行うのは難しいという点です。

私たちが覚えておきたいと思うことの多くは曖昧で、繊細な記録を要求します。旅先の写真があっても、手帳に貼られた1枚の切手のほうが思い出を蘇らせることも多いのです。

スマートフォンによるユビキタス・キャプチャーは、デジタルで保存するのがラクなものに限定して、紙の手帳も用意していつでも感興を速記できるようにするのが良いでしょう。

DayOneで日常をキャプチャーする

HACK 158 ブログは、情報アウトプットの最高のトレーニング

誰にでもできる情報アウトプットのトレーニング方法として、私はブログをすすめています。

ブログにはフローとストックの両面があります。興味がおもむくまま、あるいは流行や話題に反応して書いている日々の記事は、時間が経てば流れ去るフロー情報です。

しかしブログを続けていると、しだいに興味のある話題についての記事が増えていき、同じカテゴリで集約した際にストック情報にもなっていくのです。レストランの食べ歩きを毎回記事にしていたら、街のグルメマップが作れるほどに情報が集まっていた、といったようにです。

私のブログも10年で2000記事ほどが蓄積した結果、ライフハックだけでなく、ソーシャルメディアの発展、知的生産と技術の交点など、自分自身でも活用できる情報の倉庫になっています。

ブログを始めるのに心理的なハードルがある場合など、手始めに外部に公開しないブログを作るのであれば、はてなブログの非公開機能を使うのが手軽です。このときも、**数年後の自分は別の自分だと考えて、第三者が読んでも理解できるように文章を書く**ことを目標にしましょう。

しかし、できればブログは公開したほうが意外な反応が得られて多くのメリットがあります。自分だけのために書いていたつもりのブログが、未来の自分を、あるいはそれを偶然読んだ誰かを助けることもあるのです。

はてなブログで匿名のブログを作成する

HACK 159 | 1日に10万字を読んで、5000字をアウトプットする

　経済評論家の勝間和代氏が「クオリティの高い文章を生み出すための方法」について解説しているのを、とあるイベントで聞く機会がありました。

　勝間氏によれば、それは小手先の文章術を学ぶことではなく、「**1日に10万字をインプットし、5000字をアウトプット**」するという、インプットとアウトプットによって支えられているとのことでした。

　この目安には2つの意味があります。1つは、5000字をアウトプットするためにはその10倍ではなく、およそ20倍の入力が必要なのだという点です。

　私たちは無からアイデアを生み出しているのではなく、過去の知識や経験を総合することによって、ようやく自分の考えらしきものを作れます。受け売りではない5000字を生み出すために、その約20倍の情報が必要なのです。

　もう1つの意味は、最低でも5000字ほどのアウトプットがないと、文章力を鍛えるところまでいかないという最低線があるということです。2000文字をインプットして1ツイートを発するという程度では、なかなか首尾一貫した長い文章は書けません。

　似たような**インプット・アウトプットのバランス**はプログラミングや、絵や、作曲などといったように、あらゆる場所に見られます。

　成長の手応えが感じられないときは、クオリティのことを考えるのは後回しにして、考えや制作の糧となるインプットを格段に増やすか、アウトプットの量を調整してみましょう。

　インプットし、アウトプットする習慣を身につけていれば、クオリティはしだいについてくるのです。

HACK 160 小さな違いが、スライドを個性的に見せる

ほんの少し、フォントや色に手を加えるだけで、シンプルなスライドに個性を生み出すことができます。

印象に残るプレゼンテーションを目指して凝ったスライドにする人は多いものの、そうしたものはクオリティを維持するのが大変ですし、すぐに陳腐化してしまう危険があります。

そこで、白地に1〜2行だけのシンプルなスライドを作る際に、ほんの小さな手を加えるだけで、他のスライドと違う雰囲気を作れます。たとえば、

1. フォント色を、黒からほんの少しグレーに変える
2. フォントの寸法と文字間隔を調整する
3. Adobe Colorでカラースキームにもとづいて色選びをする

といったように手を加えるだけでいいのです。

シンプルなスライドであればあるほど、こうした効果はさりげなく入れたほうが効果的です。実際に利用する際には、プロジェクターと会場の明るさを考慮に入れ、効果の強弱を調整しておきましょう。

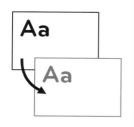

スライドの色 / コントラストを落として目にやさしく

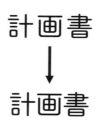

フォントに小さな変化を / 文字間隔で凝縮感や開放感を演出

カラースキームを使う / Adobe Colorなどでカラースキームを選ぶ

HACK 161 プレゼンの印象が一変する「体を開いた」姿勢

　同じ内容、同じペースで話していても、なぜか印象の悪いプレゼンというものがあります。情報の伝達ばかりに気を取られて、聴衆とのつながりを意識していないと、そうした上滑りしたプレゼンになってしまいがちで損をしてしまいます。

　最もありがちな例が、顔だけでなく体全体がスクリーンのほうを向いていて、聴衆のほうを向いていないというケースです。これを防ぐために意識したいのが、欧米のプレゼンスキルで重要視される**「体をオープンにする」**という体勢です。

　まず、体の正面は聴衆に向くか、角度をつける場合でも両方の肩が見えるようにすることに注意します。聴衆の視線を抱きとめるように両手は広げて、敵対心のない包容力のある雰囲気を作り出します。最もいけないのは手を前で組むという姿勢で、これは敵対心や緊張を聴衆に伝えてしまいます。

　定期的に顔と視線は聴衆のほうに向けて、意識として会場のすべての人にアイコンタクトをとっているように視線を動かしていきます。こうした小さなボディランゲージの違いが、聴衆に与える印象を決定づけることにつながります。

プレゼンへの自信も生まれる

　こうしたボディランゲージはプレゼン内容について十分な練習ができていて初めてできるものではありますが、これを逆手に取ることもできます。ボディランゲージに注意を向けることができるところまで練習ができていれば、おそらくプレゼンの仕上がりは近いのです。

HACK 162 自然なプレゼンは1分あたり400文字を目安にする

　プレゼンで最も避けたい事態は、時間切れです。どんなに素晴らしいプレゼンをしていても、予定を越えて話したり、最後になって急いだりするプレゼンは、最初からやらないほうがいいくらい悪い印象を残します。

　こうした時間切れが起こってしまうのは「話したい内容」と「残り時間」にミスマッチがあるからです。きっと1分くらいで説明できるだろうと思ったことが、実際には2分くらいかかるということがよくあるのです。

　ためしにタイマーで1分間を測りながら、適当に選んだ本のページを、理想的なプレゼンをイメージしたペースで読み上げてみてください。1分間が経ったら、どこまで読めたか文字数を数えます。

　結果は人によって多少前後すると思いますが、多くの場合は400字、原稿用紙1枚前後の数値になるはずです。それが、あなたの理想のペースですので覚えておいてください。

　あとは、もし10分間のプレゼンならば、話す内容がその10倍に収まるように調整しなければいけません。PowerPointやKeynoteといったプレゼンアプリには発表者用のノートを記入する機能がありますので、ここに話す内容を入れつつ、文字数を調整していきます。

　準備の時間がない場合は、最も説明が難しい、時間を食いそうな部分だけでもよいでしょう。とにかく、1分で話せると思ったプレゼン箇所で大幅に時間オーバーになることを避けます。

　自分の理想のペースを把握しておくと、プレゼンにペースの演出を加えることも可能になります。途中、分速500文字ほどに加速してみたり、あえて間を入れたゆったりとした演出をしたりといった応用を、無理なく繰り出せるようになるのです。

HACK 163 | 録音でプレゼンの「あー」「えー」を根絶する

　プレゼン慣れしている人でも、途中で「あー」「えー」といったムダな言葉が挟まってしまうクセが抜けていないことがあります。これは話している本人は意識していないことが多いのですが、聞いている側は、気になりはじめると内容がまったく頭に入らなくなってしまうので深刻です。

　そこで、意識していないものを意識するための荒療治として、**プレゼンの練習をしている際に自分の様子を動画で撮影してしまう**という方法があります。

　自分のプレゼンを自分で聞くのは最初は恥ずかしいでしょうが、とにかくどのタイミングで「あー」「えー」という言葉が出ているか、そのタイミングを探すことに集中してください。

　その箇所を見つけたなら、次に2つの可能性を考えます。1つは、説明するための言葉を暗記していないために、次の言葉を探して無意識に「あー」と言っていないか。もう1つは、前の部分とのつながりに無理があるために言いよどんでいないかという点です。

　また、「あー」「えー」という言葉はプレゼンのペースが速すぎて次の言葉に移るのに苦労している場合にも発しがちです。話す分量を減らし、ペースを意識すれば、自然にその数は減ってきます。

プレゼンで「沈黙」を気にしない

　最後に、しゃべっているほうはプレゼンをしている間に沈黙の「間」が生じるのをとても気にしていますが、聞いているほうはそれほどでもないということを覚えておきましょう。次の文が出てこなくて「あー」と言い出しそうなときは、**少しくらいの間が空いても大丈夫**だということを念頭に、慌てず言葉をつないでください。

HACK 164 怒りや不安を、メールや手帳に書いて積み下ろしする

　理不尽に仕事を振ってくる上司や、意図を理解してくれない同僚、厳しい言葉をわざわざ選ぶ取引先など、仕事にさまざまなハードルはつきものです。あるいは、自分自身の将来に対する不安が大きくなって、世界が灰色に見えてくる瞬間もあるでしょう。

　溜まってきた不満や不安を大声で発散したくなって、自分はどうしてしまったのだろうと思うこともあるかもしれません。しかしそれはストレスに対する心の自然な反応です。ほとんどの人は、本当にそれをしてしまうと問題が多いので我慢しているにすぎません。

　しかし、こうした我慢は心には毒です。それは長い時間をかけて心身を蝕み、うつ病や身体の病気にもつながります。不満や不安のストレスは、なんらかの形で外に出してしまい、解決を試みなければ心という器が壊れてしまいます。そして心という器は、壊れれば直すことは極めて困難なのです。

　どうしてもそうした吐き出し先がない場合の最終手段ですが、心に溜まっていて本当は言いたいことを、メールの形で書き留めるという方法があります。1つだけ細工をするのは、**送り先を本当の相手ではなく、自分自身のアドレスか、捨てメールアドレスにしておく**のです。

　つまらない方法に思えるかもしれませんが、何もしないよりはこうして書き出して実際に送ってしまうことによって、不満の積み下ろしができます。

　同じように、心の中の不安をすべて手帳に書き出すという方法もあります。これは結果的には内省につながって、書いただけで心が落ち着いてくるという効果があります。

　心を壊してはいけません。ストレスを溜め込むのではなく、解決はできないまでも定期的にどこかに流す仕組みを作っておくことが大切です。

HACK 165 利き手と逆の手を使ってマインドフルネスを体感する

マインドフルネスとは、現在起こっていることに意識を集中させる瞑想法であり認知療法の手法で、ストレスを軽減することやさまざまな心理的な症状に効果があることが知られています。

マインドフルネスの原語となったのはパーリ語でサティという仏教用語で、対象に対する執着や、固定観念や、善悪の評価をすべていったん棚上げして心に留めおくことを指しています。心の中にあるものを念ずるなら瞑想になりますが、目に映っている風景をふだん意識しない細かさで観察したり、自分の体の動きを小さな動きまで意識することも、マインドフルネスの実践の一種ということができます。

瞑想やこうした観察には多少の練習が必要ですが、それと似た心理状態を生み出す簡単な方法がイギリスの研究者によって発見されています。それは、**ふだん利き腕として使っている腕とは逆の腕で、日常の活動を試みる**というものです。

利き腕と違う側を使うということは、字を書くことであれ、掃除であれ、すべてを意識的に注意深く行わなければ成功しません。こうすることで、自動化していた行動がすべて意識的に行わなければならなくなり、精神的な柔軟性や、集中力、そしてマインドフルネスの状態に近い精神状態を生み出すというのです。

実際に試してみると、ふだん簡単に行っているような活動でも指の1本1本まで集中しなければ行うことができず、いつもとは異なる集中力を体験することができました。それ以来、意識をいまという瞬間に集中させたいときには、左手で絵を描いてみるという実践をするようになりました。

このテクニックを試す際には、意識を利き腕と逆の側に集中できる環境を作り、怪我などの危険がないことを確認してください。

HACK 166 ハッカソンを個人的に開催する

　ハッカソンとは、ハックとマラソンの2つの言葉を混ぜた用語で、プログラマやデザイナーがあるテーマのもとに集中的に開発を行ったり、技術的な改善を試みたりするイベントのことです。

　ハッカソンには、複数の異なる才能が集まり、限られた時間の中で問題解決をはかることで参加者の能力を引き出す効果があり、日本でもたびたび開催されるようになりました。

　企業が主催することも多いハッカソンですが、アイデアを出し、アウトプットを加速するために、個人で開催するのもいいでしょう。

　たとえば参加者を募って、あるテーマについて電子書籍を作る、あるいはプレゼンテーションを完成させるといった成果を目標にして数時間のハッカソン的な時間を開催してみるわけです。

　そうしたとき、異なる考え方、異なるツールを持っている人が集まるほうが、各メンバーがそれぞれ経験を持ち帰ることができるために満足度が高まります。リラックスした環境でアイデアを出すために、ロケーションにも工夫してみるとともに、助言を得ることができるコーチ役の参加者を誘うといったことにも効果があるでしょう。

　こうしたイベントのようなハッカソン以外にも、仲間を募って集中的に1ヵ月間同じ目標に取り組むといったこともできます。

　欧米では毎年11月に**NaNoWriMo**（**ナノリモ、小説執筆月間の略**）という催しがあり、この期間中に50000ワードの小説を書くという挑戦に大勢の人が取り組みます。1ヵ所に集まらなくても、互いに同じ目標に取り組むので、NaNoWriMoのメンバーたちは世界中でお互いのノウハウや励ましを交換し合うという、一種のお祭りです。

　たとえば「1ヵ月連続でブログを書く」「試験日に向けて学習をする」といった目標に向けてメンバーを集め、互いにアドバイスをするといったことができるのです。

SECTION 06

コミュニケーション&チーム

「味方は増やせる」

HACK 167

チームの力を引き出せれば、何倍もの成果に手が届くようになります。コミュニケーションをハックして、あなたの力になってくれる味方を増やしましょう。

HACK 188

HACK 167 すべてのミーティングは「対話メモ」にしておく

　就任間もないトランプ大統領が、当時のFBI長官ジェームズ・コーミー氏と何度かに分けて会った際に捜査の内容について圧力を加えるような発言をしたという疑惑がもちあがったことがありました。

　そうしたやりとりがあった夕食や、ミーティングの帰り道に、コーミー氏はこれがゆくゆくは彼自身の罷免(ひめん)につながりかねないことを予見して、証拠として詳細な会話の内容をメモの形で残していました。

　このような深刻なやりとりではなくても、**誰かと対面して交渉をした場合に「対話メモ」を取っておく**のは、あとで大きな意味を持つことがあります。

　多くの場合、私たちはミーティングの結果、何が決まったのかという「結果のメモ」を取っていることは多くても、どうしてそのような結論になったのかという流れを追うことができない場合があります。

　そこで、ミーティングにおける重要な発言を、特にまとめることなく順番にメモとして残しておくと、あとで議論の流れを再現することが可能になります。

　あとで「どうしてこの結論になったのか」「このときはどんな話になっていたのか」が問題になったときに、ミーティング時の前提や、議論の力点を呼び戻せれば、同じ議論を2度行うことがなくなりますし、誤解が発生することも避けられます。

　こうした速記はパソコンやiPadなどで高速に行うのがよいのですが、その際に意外にブレーキになるのが人名です。発言者の名前を変換しているうちにも会話が進んでしまうので、名前は「橋本」ならば「は：」という具合に、最初の一字で変換できるようにあらかじめ登録しておくと、速記がスムーズに進みます。

HACK 168 仕事のメールはすべてアーカイブする

　前項のように対話メモを残すだけでなく、仕事上のメールのやりとりは、トラブルを避けるためにも、そして話の流れをあとで追跡可能にするためにも、**消さずにアーカイブしておくことが重要**です。

　たとえばメールで送られてきた仕事の内容について対面でディスカッションを行い、何かの合意や結論が出たときにも、相手がたった一人であったとしても、その結果をあらためてメールで送信します。そうすることで、すべてのやりとりが可視化されるようになります。

　可視化されていると、曖昧さが残らないので、トラブルが生じたときにも水掛け論になる前に、議論の流れを指摘できますし、そもそも可視化されているので、ごまかしや約束を反故(ほご)にされる可能性が低くなります。

　こうしたメールのアーカイブをするには、その機能を最初から持っているGmailを使うのがやはり便利です。

　スレッドがわかりにくくなっているときには、最後に、やりとりの経緯をメモしたメールを自分自身のアドレスに向けて送信しておくとよいでしょう。

　メールは年末に一度多くのやりとりがリセットされますので、1年を単位にバックアップを取っておくこともできます。たとえばOutlookには古いメールを手動でアーカイブ化する機能がありますのでこれを利用します。

　「このやりとりは、あとでメールにしますので確認してください」——この1ステップを踏むだけで回避できるトラブルや行き違いは多いのです。

HACK 169

Noといえないなら「Yes, but」を取り入れる

　タスク管理のセクションでも紹介した通り、必要ではない仕事はできるかぎり断り、そもそも増やさないことが、生産性を高めるための要です。

　しかし、そうそう「No」と言い続けることができない立場の人も、「Yes」ということが仕事という人もいるでしょう。そうしたときでも断る力を発揮するために利用できるのが、英語でいう**「Yes, but」**という文章の作り方です。

　日本語では「いいですよ、ただし」、あるいは「できそうです。その代わり」といったように、**相手の依頼をいったん引き受けながらも条件を追加する**ようにします。言い方を変えて「来週以降なら大丈夫です」「この条件ならできます」というのでもよいでしょう。たとえば、

- できます。ただし、期限は少し延ばしていただくか、内容を減らせますか
- いいですが、その代わり先に入っていたこの件と同時に進めることはできませんのでどちらを優先するか決めましょう

　このように、仕事を引き受ける場合に必ず条件を提示することによって、相手にこちらがどれだけのリソースの余裕があるのか（あるいはないのか）を伝えることを習慣にします。

　こうすることで、相手にこちらの状況が伝わるとともに、あなたがリソースを管理して仕事をしているということが伝わるというメリットがあります。

　「Yes」だけでも、「No」だけでも伝わらないニュアンスを伝え続けることで、長い目で見た周囲との仕事のやりとりのバランスをとりやすくすることができるようになります。

HACK 170 他人の「No」はこのように理解する

　言葉というのはいつも非対称なものです。自分が口にしたことが、言ったつもりの意味で受け取られるとは限りませんし、逆もしかりです。

　何かを頼んだ際に、その人に「いいえ」「それはできない」と拒絶されるのは心が痛むものですが、それを「自分自身が拒絶された」と感じる必要はありません。

　マーケティングに関する数々の書籍をもっているセス・ゴディン氏は、他人の拒絶はひょっとしてこういう理由ではないかというリストをブログ記事で紹介しており、そこには次のようなものが含まれています。

- 私は忙しすぎて、いまコミットできない
- 私はまだあなたを十分に信頼していない
- この話は自分がやるべきこととは思えない
- この話を前に進めるのが怖い
- このことは、私に別の嫌なことを連想させてしまう

　含まれていないのは、「私はあなたのことが嫌いだから、この依頼は断る」というものです。そういう気持ちで「いいえ」と言う人はめったにいないのですから、最初から可能性の中に入れなくてよいのです。

　こうした考え方は、たとえば急に冷たくしてきた人がいたとして、あなたの側では理由がまったく思い当たらない場合にも適用できます。感情を動かす前に「何か伝わっていない情報があるな」と想定して動くわけです。

　人が良すぎるでしょうか？　しかし感情をエスカレートせずに対応できる身のこなしが身につくなら、**人が良いことは長期的に見て得になる**のです。

HACK 171 | 会話から抜け出すために、自分自身に電話をかける

　会話が居心地の悪い展開になって、その場を抜け出したくなるという経験をしたことはないでしょうか？

　どうなだめても他の人への怒りや愚痴を止められない人や、終わりのない雑談で作業を中断してくる人に対しては、通常ならば「すみません、ちょっと集中させてください」とお願いするのが筋ですが、どうしても本人が止まらなくなっている場合もあります。

　そうしたときは、**自分自身の携帯電話に電話がかかってきたように見せて、強制的に断ち切る**という手段があります。

　方法はいくつかありますが、HACK103で紹介したIFTTTが提供している「電話を発信するレシピ」を使うのが、自然でバレにくいでしょう。たとえばスマートウォッチの連携機能を使って、「時計のボタンを長押しすると、スマートフォンが鳴る」といった仕掛けを作ることができます。

　注意したいのは、これはあくまで非常用の手段だという点です。お互いにとってよくない状況に切れ目を入れるために使うのにとどめて、人間関係を悪化させることがないように気をつけましょう。

スマートウォッチのボタンを押すと、スマートフォンが鳴る仕組みの例

HACK 172 嫌な人の言動は「ハンロンの剃刀」を通して見る

「あの人はなんであんなことをするのだろう?」「どうしてあんなことを言うのだろう?」——そのように不思議になるくらい、嫌な言動をする人が周囲にいないでしょうか。そうした人と、偶然出会うこともあるかもしれません。

そうした嫌な人との遭遇は避けられないかもしれませんが、それに対する心理的なストレスを軽減することはできます。心理的な「受け身」をとることで、ダメージを減らすのです。

そうした受け身の1つに、「ハンロンの剃刀」という考え方があります。ロバート・J・ハンロンという人物の言葉と言われていることからこの名前がついていますが、ゲーテやハインラインといった作家に遡ることができる名言です。それは、

「愚かさで十分説明されることに悪意を見出すな」

というものです。愚かさというと言葉が厳しいのですが、これは誰もが持っている、忘れっぽさ、先を見通せない判断力の鈍さ、言葉の意味を深く考えていない視野の狭さなどと理解します。

たとえばきつい文面のメールが届いたり、自分が仲間はずれにされたりしているような場面で、私たちは「どうしてこの人は私に厳しくあたっているのだろう」と反射的に考えがちです。

しかしひょっとすると、単にその人は時間がなくてメールの表現が雑になっているだけかもしれませんし、結果的に仲間はずれにしているように見えるだけで、実際は大勢の人間関係を保つのが苦手な内向的なタイプという可能性もあります。

ハンロンの剃刀という考え方は、**人間の不完全性に由来することを悪意と受け取って悪意で返すことは避けよう**という行動指針です。これだけでも、私たちは心理的なストレスを受け流して行動することができるようになるのです。

HACK 173 ザイオンス効果を利用して気難しい人を味方にする

どんなに気の合わない、気難しい人であっても、何度も繰り返し会っているうちに最初の印象は和らぎ、好感度は高まってきます。

これはアメリカの心理学者ロバート・ザイアンスが提唱した**「単純接触効果」**と呼ばれる心の動きで、人物との対面だけではなく、知覚の閾下（意識していない状態）の音楽や香りなどについても起こることが知られています。会えば会うほど、それだけで人間関係は改善するのです。

対面の場合、この効果は両側に起こりますので、相手にとってのこちら側の印象も、回数とともに改善することが期待できます。心理的に負担の大きい営業の訪問や、苦手な人物との対面も、回数とともにラクになるということはストレスを下げるためにも知っておくと良いでしょう。

対面以外の効果的な方法

苦手な人との距離感に悩んでいるならば、その人を避けるのはむしろ逆効果になります。といっても、そうした人に対面することがストレスになる場合には、メール、電話、チャットなどといったように、別の手段で定期的に連絡することによってもザイオンス効果は生じます。

私はEvernoteの中に、時折しか会えない重要人物について、最後にどこで会ったのか、どのような会話をしたのかといったメモを残すノートブックがあります。ここに、最後に会ってから一定期間が経過した際に送信されるリマインダを設定してもよいでしょう。

人間関係の距離は測りにくいものですが、会った回数と、その頻度に置き換えるならば、マネージすることも、コントロールすることも可能になるのです。

HACK 174 相対せずに横に並ぶとケンカにならない

こちらが意図していなくても、誤解や行き違いによってケンカになってしまいそうなシチュエーションがあります。

自分の怒りを制御する方法についてはHACK094ですでにご紹介しましたが、相手の怒りを鎮め、敵対的な空気を和らげるために、いくつかとれる手段があります。

1. **表情を制御する**：こちらが緊張したり、臨戦態勢の顔をしているとそれを見て相手は緊張を解くどころではなくなります。こうしたときは意識的に眉を上げ、目を大きくして意外そうな表情をすることで敵対心を表さず、こちらも緊張を解くことができます
2. **ゆっくりしゃべる**：表情と同時に、声のトーンも制御します。急いで、大きな声でしゃべることは戦闘を意味しますので、極度にゆっくりと、小さな声を心がけます
3. **体を相手に向けず、角度をつけるか横に並ぶ**：相対している状況はそれだけで敵対的な姿勢です。角度をつけるか、可能ならば「歩きながら話そうか」と横並びになって話すことで、この緊張した状態をほぐします。横に並ぶことは、相談に乗っている姿勢ですので、口論を話し合いに変える効果もあります
4. **可能なら第三者を呼ぶ**：角度をつけるのが難しいときには、可能ならば第三者を呼んで話を聞いてもらいます。相対した敵対の関係が、三角形になって攻撃の方向性を散らすことができます。ただし、2対1で責めたり、責められる状況はむしろ避けないといけません

トラブルは避けられなくても、感情的な口論を制御する手段はいくらでもあります。とはいえ、こうしたテクニックや理屈が通用しない場合は、切り換えてなんらかの形で逃げることが重要です。

HACK 175 会話ではカメレオン効果を意識して、相手の姿勢を真似る

友人と会話をしていて、しだいにその口調を真似たり、同じジェスチャーを自分でもしているということがないでしょうか？

これは心理学では**「カメレオン効果」**と呼ばれている現象で、心理的な距離感が近い人同士は、会話をしている際に同じ姿勢や動作をとったり、言葉の調子やトーンが似てくるというものです。

これを利用したコミュニケーション技法として「ペーシング」と呼ばれる方法が広く用いられています。対話をしている相手と同じ動きをする、相手が驚いているときには同じように驚きの様子を見せる、口調を合わせるといったように、相手のペースに合わせて対話を行います。それによって、相手には「この人は話を聞いてくれている」「理解してくれている」という印象を与えられます。

使用上の注意

もちろんこれは相手を騙すために使う手法ではなく、まだそこまで親密になっていない相手のガードを下ろすためであったり、上司と部下といった壁を作りやすい状況を和らげるために使用するものです。

カメレオン効果は、通常は無意識で行っているものですので、意識的に取り入れる場合はさりげなく、相手が気づかない範囲で行うので十分です。

HACK 176 フランクリン効果で相手の好意を引き出す

ベンジャミン・フランクリンは、ペンシルバニア州議会において敵対していた議員を懐柔するために逆説的な方法を使ったことを、その有名な自叙伝で書いています。

相手に贈り物をするのではなく、相手の蔵書に興味深い本があるという話を聞きつけて、それを貸してもらえないかと尋ねたのです。

人は、たとえ嫌いな相手であってもその人のために何かの親切を行うと、その行為を正当化するために「あいつはそんなに悪いやつではない」という理由付けを無意識に行います。フランクリンは相手から本を貸してもらうことによって、それを相手に強制したわけなのです。

「フランクリン効果」と呼ばれるこの心理的な動きは、気難しい相手から好意を引き出すためにも、自分の頑(かたく)なな心を和らげるためにも利用できます。

たとえば敵対的な人物であるほど、あえて頼み事をして自分に対する親切を引き出すことで、心理的な距離を縮めることもできますし、自分が嫌いな人間に対してあえて親切をすることで自分の心を開きやすくすることが可能になります。

「ささいな頼み事」でいい

頼み事自体は、「遠くにあるものをとってもらう」といったささいなことでもかまわないのが、この効果のもつ強みです。

相手は、知らないうちにあなたに対してガードを低くしますので、その機会を実際的な親切や説得によって信頼を勝ち取るためのきっかけとして活用しましょう。

HACK 177 人間というコンテキストでタスクを管理する

　タスク管理は個人的なものですので、基本的には「自分がやること」「自分が任されているもの」ばかりを管理しています。しかしタスクには、誰かとともに行うものも多数あります。

　たとえば上司や取引先、あるいは部下といったように、仕事上で密に連絡を取り合う必要がある人物がいるなら、**GTDでいうコンテキストを人間単位で持っておく**と、トラブルの回避や、連絡忘れを防ぐことができます（HACK059参照）。

　たとえばAさんという名前のコンテキストを用意するには、その人専用のToDoリストを用意し、現在この人との間で進行しているタスクやプロジェクト、あるいは返事待ちの件をすべて列挙しておきます。

　部下が複数いるなら、どの人にいつ、どの仕事の連絡を入れ、いつまでに報告がなかったら連絡をとるかといった交通整理をしておきます。たとえばTodoistならば、人物ごとのラベルをタスクに与えておくことによって、その人に関連した、あるいは人物関係のタスク全体を集めて見るということができるようになります。

　この考え方は、人物ごとのEvernoteのノートを作る「**人脈ノート**」という考え方に拡張することも可能です。たとえば、会う頻度は少ないものの、会話や詳細を記憶しておきたい人物について1つずつノートを用意しておきます。そしてその人と最後に会った場所や、話した内容をメモとして入力しておくのです。

　これは人物というコンテキストでEvernoteの情報を絞り込んでいるわけで、会う頻度が少なくても相手のことを詳細に思い出せるようになるという強みを与えてくれます。

HACK 178

チームの運営は「心理的安心感」を尺度にする

　チャールズ・デュヒッグ氏は著書"Smarter Faster Better"のなかで、Googleが社内で行ったチームの生産性に関する調査について興味深い結果を報告しています。

　それは、チームの成功度は、エリートばかりを集めるか、あるいは多様な職階やバックグラウンドの持ち主を集めるかといった構成には依存しておらず、むしろ**チームの中に、「心理的安心感」があるかないか**に最も強く影響されていたというのです。

　心理的安心感は信頼から生まれます。それは互いの失敗に対してカバーし合うといったチームワークや、メンバーの発言を途中でさえぎったりしないといった細かい気遣いなどによって、メンバー全体に浸透するもので、これを生み出すにはリーダーの意識からメンバーの意識までさまざまなレベルでの改革が必要です。

　しかし、心理的安心感を少しずつ増やすために、それをテクニックとして取り入れることも可能です。たとえばこの報告を受けて、Googleの一部のチームではミーティングでメンバーのリストの横にチェックリストを用意し、ほぼ全員が発言したのを確認してから意見をまとめるといった仕組みを取り入れて、成果をあげているといいます。

　相手の発言を途中でさえぎらないというルールはすぐにでも導入できますし、仕事時間に集中時間と互いに安心して声をかけてよいディスカッションタイムを設けることで個人の時間とチームの時間を確保するというのも1つの手です。

　失敗が起きた場合にどう対応するか。メンバーが不調のときどうするか。その1つひとつに「心理的安心感」を確保できるかという尺度を取り入れることで、チームは個人と個人のかけ算で成果を生み出すことができるのです。

HACK 179 チームの仕事のプロトコルを決めておく

　大きな会社や組織では文書の管理の仕方、データの管理の仕方がシステムとして規定されていることがありますが、小さなチームだと決まっていないことがあります。

　しかし、全員が違う言葉を話してばらばらになってしまうバベルの塔の話のようにならないために、小さなチームであっても、仕事上で使うツールからメールの返信の仕方まで、ある程度の**プロトコル＝約束事**を決めておくのがよいでしょう。

1. **ファイルの置き場**：DropboxやOneDriveなどといったクラウドドライブを使うならば、チームのメンバーのフォルダを作成してその下の整理は個々人の裁量としておき、それとは別に全員に共有する成果物の置き場所を作成することで、誰にどの部分を編集する権限があるかを明確にしておきます
2. **連絡手段の優先順位**：メールベースなのか、チャットを優先するのか、どのようなときにどの手段を用いるのかを決めておきましょう。これは個々人の集中時間を守りつつ、連絡手段を確保するのに重要です（詳しくはHACK012を参照）
3. **メールの件名などを統一する**：どんなときに「緊急」と書くのか、全員が返事をする必要がある場合はどんな件名にするのかといった基本を決めておきます。また、メールのスレッドに全返信する場合と新たにスレッドを立てる場合の目安も決めておくと良いでしょう

　チームのプロトコルは、ゆるやかに変えてゆくのも重要です。ツールの進化や、メンバーや仕事の変化に対して柔軟に対応するとともに、ルールを刷新することで新鮮な気持ちでチームの仕事に臨むことができるようになります。

HACK 180 ミーティングの進め方を決めておく

ミーティングをだらだらと続けていても、成果は上がりません。時間のムダを避けるためにも、ミーティングは話し合われる内容の関係者だけが集まり、合意を形成して終了するという最低限の進め方にするのが理想です。

この理想を実現するために、**ミーティングの進め方やフォーマットをあらかじめ決めておく**ことが効果的です。

1. **時間を決めておく**：確認と合意だけなら15分、説明や承認なら30分といったように、内容に合わせて時間を設定します
2. **短時間ミーティングは立ったまま**：短いミーティングについては、席に座ってゆったりとする時間をなくし、立ったままで進めます。着席ミーティングは議題が重要で30分以上の場合に限定するという差別化が有効でしょう
3. **パソコン、スマートフォン禁止**：ミーティング中はパソコン等の使用を禁止し、アジェンダに集中してすみやかに終わらせます
4. **会議そのもののフォーマットを作る**：開始したら主催者が説明し、何が決まれば解散かを告げ、ディスカッションタイムを設け、合意形成をするといったような、会議進行のフォーマットを決めておきます。フォーマットがない、誰がミーティングを終了する権限をもっているかが不明な場合、それは必然的に長くなる傾向があるからです

もう1つ大事な点に、**合意形成を目的としたミーティングと、発想や意見を出すためのディスカッションは明確に分けておく**ことがあります。片方は手続きとしてすみやかに完了させることが重要なのに対して、もう片方は十分に時間をとって内容が充実することに意味があるからです。

HACK 181 ｜「立ち話」のアイデアをチームと同期する手段

　仕事はメールやチャットだけではなく、立ち話で決まることもよくあります。対面でのディスカッションを通して問題が明らかになり、それに対して素早くアイデアが出てくるからです。

　こうして対面で決まったことや出てきたアイデアを次の会議までそのままにするのではなく、すぐに**チームと「同期」できるような情報伝達の経路をもっておく**ことが重要です。「先ほど話していたのだけど」とアイデアをそのままの形で投げ込んでおき、残りのメンバーから自由に反応を得てアイデアを育てることができるような場所です。

　こうした情報の同期場所としては、議論の追いにくいメールよりもチャットが適していますが、近年注目されているのが Slack です。

　Slackでは関係するメンバーをチャンネルという小さな単位で招集して会話することができるという利点があります。

　チャンネルはいくらでも作れますので、ある話題の関係者だけを集めて議論を進めて、必要がなくなったら消すというスピード感のある情報連携が可能になります。

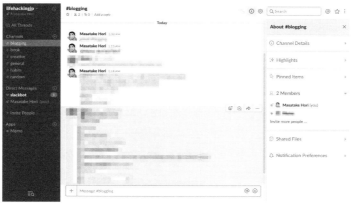

Slackで会話している様子

HACK 182

全員の週間タスクを貼り出しておく

　クラウド上のメモツールEvernoteの本社オフィスには、ホワイトボードマーカーで書くことができる巨大な壁が用意されており、月曜日の朝一番の全体ミーティングが始まる前までに、社員は1週間のタスクを書き出してゆくようになっています。

　非常に細かく書く人もいれば、人によっては数項目だけを書く人もいます。しかし全員がタスクを書き出しておくことによって、互いに誰が何に取り組んでいるかが明らかになるのです。

　クラウド上でなく、わざわざ壁に書く理由は、貼り出してあることで一望できるようになるのと、誰もがその横を通り、立ち話などをするのでチーム間のタスクの共有が進むようになるためです。

　この方法だと、壁に書いてある他のメンバーのタスクを見て、「あの件なのだけど、僕の問題にも応用できそうだから相談してもいいかい?」といった具合に自然に共同作業が始まることもよくあります。

　もちろん、チームの頑張っている様子が、温かみのある手書きで壁に広がっているのも、全員にとって刺激を与える光景です。

HACK 183 チームのタスクを付箋で管理する

　チームで1つの作業をしているときに、1. 誰がどの仕事にとりかかっていて、2. 何が完了しており、3. 何がまだ残されているのか、の3つを把握するのは重要です。

　グループウェアなどによってタスク管理を行うこともできますが、視認性が優れたものはなかなかないのと、チームのメンバーのグループウェアの利用頻度しだいで、細かく入力する人とそうでない人の差が生まれてしまいます。

　そこで、**付箋を利用して全員の仕事の状態を1枚のボードに貼り付けてしまう**ほうがアップデートも簡単ですし、視認性が高まります。

　ボードには大きく分けて「実行前」「実行中」「完了」の3つの場所があります。そしてチームのメンバーはそれぞれ実行前のタスクを選び、それを実行中の部分に移動させてとりかかります。

　このとき名前を付箋に書くか、マグネットで貼り付けることでタスクの所有状態を明らかにしておきます。完了したタスクは「完了」部分に動かして終わりです。

付箋のすごい使い方

　このボードはいくらでも工夫することができます。外出中、営業中、雑用でタスクを受け持てないなどといったように、その人の状態をフレキシブルに表現できるようにしておきましょう。

　ボードそのものはある程度の仕事単位ごとに新しく作り直すのがよいでしょう。その都度ボードの仕組みを工夫することによって、チームの動き方にボードを合わせておくのです。

HACK 184 複雑な仕事はツーマンセルで行う

　ツーマンセル、つまりは2人1組で作業を行うことにはさまざまなメリットがあります。

　ツーマンセルという言葉自体は英語ではなく、アニメや漫画で広まったものですが、1人のキャラクターがもう1人をカバーしているシーンで使われます。

　1人で戦っていると、死角が多すぎます。そこで1人が行動しているとき、危険や不備がないかをもう1人がチェックし、それを互いに行うことで安全を確認するわけです。

　この習慣は、プログラミングの現場ではペア・プログラミングという形で取り入れられています。1人では解決できない問題を2人で解決し、他人の目がないとわかりにくく記述してしまうコードを2人目の視点で最適にしてゆくことで、高速に保守性の高い成果を生み出す方法として知られています。

2人1組の意外なメリット

　2人1組は同じ仕事でなくても、互いに違う作業をしていてもかまいません。互いに定期的にチェックしあい、不安に思っている点や困難を共有することで互いの盲点を補います。

　2人1組の作業方法としては、OJTの手法として先輩と後輩のバディ方式やチューター制が知られていますが、これをあえて同じレベルで仕事ができる2人でやるところに意味があります。プロ同士の仕事の見せ合い、そこには独特の緊張感という興奮が生まれるのです。

HACK 185 | 短所は長所 —— 異なる才能で仕事を高める

　かつて私の先生である一流の研究者が、会話の中で、彼が共同で世界的に有名な論文を書いた別の研究者の悪口を言いはじめて驚いたことがありました。

　「彼は頭が悪かったんですな」——そう口にする先生は、でもどこか懐かしそうにその話を延々と繰り広げます。それならば、どうして一緒に研究をされていたのですか？と聞くと、意外な言葉が返ってきました。

　「私はデジタルに考える人間だが、彼はアナログ的な人間だったのです。そして私にはそういう考え方が苦手だった。あの研究はたしかに作業的には私が自分ですべてできたかもしれない。でも自分ができないことは、どうやっても盛り込めないのです」

　「私にはたくさんのことができるが、私ができないことを彼がやってくれた。そのおかげでトータルで見たら競争者よりも早く、よい成果が出せたのです。『できないこと』は強みになるのですよ」

　私たちは能力の欠如を、どうしても物差しの長短や、身長の大小のように一次元的にとらえがちです。しかし、もしそれが異なる軸を持っているに過ぎなければ？と考えるのが、短所を長所にする秘訣なのです。

　もし、明らかに違うペースの人間がチームにいるのなら、その人を同じ物差しで測るように仕事をするのは、魚に木を登らせるような愚を犯していることになります。また、これは自分のペースが明らかに他の人と違う場合も、力の入れ具合を他の人と同じにしてはいけないということを示してもいるのです。

　才能は多次元で、必ずどこかに組み合わせ方があるはずというのは、1つの信念として持っておくのがよいでしょう。

HACK 186 他人にふった仕事は、次の日・中間日・3日前に確認する

　他人に仕事を任せた場合、一番怖いのはそれが期限で終わらないことではありません。むしろ仕事の内容がうまく伝わらず、互いに時間をムダにした結果、心理的に両者が疲弊してしまうことのほうが二重に危険といえます。

　そんな状態を回避するには、**仕事を頼んだときに、次の日、中間の日、そして期限の3日前を目安に、進捗をチェックする**という3つのタイミングを意識するとうまくいきます。

　「次の日」というのは、前日の内容がうまく伝わっているかを確認することと、まだ手をつけていないようなら、なんらかの心理的なハードルがないかをチェックするために行います。

　「中間日」のチェックは、方向性が合っているかを確認するとともに、本当に仕事が以前話し合った通り完了できるかどうかもあわせて確認します。というのも、始めてみたら思った以上に仕事の規模が大きかったり、状況が変化して完了するための負担が増大したりしていることもよくあるからです。

　予定通りに進んでいるのかどうかを監視するというよりも、最初に決めた通りの完了を妨げるような状況の変化がないかを確認するわけです。

　「期限の3日前」というのは、1つのセーフガードです。なんらかの困難が生じて思ったように仕事が進んでいない場合、あるいは完璧主義などのために必要以上にクオリティを上げようとして困難に直面している場合に、現実的な着地点を指定するためにチェックを行います。

　任せた仕事が多くなるとどうしてもチェックが錯綜しますが、こうしたタイミングはタスク管理のシステムの中で「委譲したタスク」の項目で管理し、カレンダーでリマインダを設定しておきましょう。

HACK 187 転職活動やチャンスは「弱いつながり」のなかで探す

　社会学者のマーク・グラノヴェッターは、1970年に数百人のホワイトカラーの労働者を対象に現在の職をどのようにして得たのかを調査したところ、家族や親友といった強いつながりではなく、むしろつながりの薄い知り合いから紹介を受けて情報を得ていたケースが多いという結果を見出しました。

　「弱いつながり」の持つ強さとして知られるこの説は、家族や親友といったつながりでは新しい情報が得られる可能性が低いのに対して、知り合いの知り合いといった広がりはもっと広範囲であるために、求めている情報に行き当たる可能性が高くなるということを示しています。

　この説を応用すると、たとえば転職や求職といったチャンスを探すときや、ちょうどいい人材を探すときに、親しい人だけに聞くのではなく人間関係の外側も含めて可能性を広めたほうが効率が良くなるということになります。

　また、いまはSNSといった手段もありますので、弱いつながりを複数持つことも可能です。仕事の人間関係、ネット上の人間関係などをまたぐことによって、これまでは考えられなかったくらい広い情報を得ることも可能なのです。

　たとえば、私は秋になると各SNSで「おすすめの本」を質問するということを恒例にしています。最初は直接の友人だけが反応しますが、シェアされた投稿を見て友人の友人、そしてまったくの第三者に届いたあたりからが"本番"です。

　そうした人からは、自分だけでは想像も及ばなかったアングルの答えが、いとも簡単にやってくるのです。

HACK 188 | P時間とM時間の両方を持つ

ムダな時間を減らすために、会議の時間を厳密に設定して、予定通り終了させるのは重要ですが、それだけではグループのなかのクリエイティブさや摩擦を減らすことはできません。ときには、考えが自由に行き交い交換される市場のような時間も個別に必要です。

エドワード・ホールは『文化を超えて』のなかで、場所と時間を約束してミクロに進行する会議のような場を**モノクロミック時間（M時間）**、大勢の人が同時に会話し複数のことが同時に起こる広場のような場を**ポリクロニック時間（P時間）**と区別して考え、判断や決断にはM時間が向いているものの、雰囲気作りといったベースを醸成するのはP時間であるという評価をしています。

ホールがP時間の例としてあげたのはラテンアメリカや中東などの例で、時間の約束がないか、あっても破られることが多く、決断は個別の会議ではなく廊下や広間などでさまざまな会話を通して生まれていきます。

日本では「P」の時間を意識しよう

日本人はもともとP時間的な文化を持っていましたが、ビジネスの世界ではM時間が重視される傾向があります。そしてこの2つは同時には満たせません。

そこで、厳密な会議の時間だけではなく、**出入りが自由で発言が自由なディスカッションタイム**などといった仕組みが、時間に追われる組織の中でP時間を持つための手段になります。

M時間は決断を、P時間のディスカッションは決断にいたる前提条件といったコンテキストを、チーム全体に広めるのに役に立つのです。

SECTION 07

日常生活・旅行
「ちょっとした快適さを」

ライフハックは、ちょっとした工夫のことでもあります。生活や旅行の小さなトラブルを解決して、「快適」を習慣にしてみましょう。

HACK
189

HACK
225

HACK 189 片付け前に写真を撮影してイメージ作りをする

整理整頓をするときには、なんとなく手を付けるのではなく、まず**スマートフォンを取り出して部屋の写真を撮る**ところから始めるというテクニックがあります。

机の上、引き出しの中、本棚や部屋の様子を撮影し、できれば印刷をしてから、どの部分を重点的に片付けるのか、どのような仕上がりをイメージしているのかを書き込んで作業にかかります。

簡単なステップに過ぎませんが、こうして写真に撮影して客観的に見ることによって問題点が浮かび上がり、あるべき状態への道筋が立てやすくなるのです。

片付いた状況になったら、今度はその状態も写真に撮影しておき、いつでも**「この状態が理想」という配置をEvernoteなどに保存**しておきます。

この写真は整理整頓のビフォー・アフターの工程表のように機能します。漠然と作業するよりも、こうして「あるべき状態」に向かって手を進めるほうが効率的に整理ができるのです。

整理したい部分を写真でまとめてから行動に移る

HACK 190 「使用中・保管中・飾り」で持ち物を分類する

　整理整頓をする際にたびたび邪魔になるのが、必要がないにもかかわらずとっておきたくなる愛着（あるいは英語でいうところのアタッチメント）という感情です。
　そうした愛着を見やすくして、必要なものと不要なものに厳密に線引きを行うために便利なのが、もっているものを**「使用中」**であるか**「保管中」**か**「飾り、装飾」**かで**分類する**という指標です。
　「使用中」とは文具、ガジェット、ケーブル、衣類などといったように、アクティブに取り出して使用することが想定されるものです。「保管中」とは、個別フォルダに入れた書類、書籍などといったように、現在それに対するアクションはないものの、将来使用するために保管しているものです。
　「飾り、装飾」とは家族の写真や手紙などといったような、愛着のためにとっておくものですが、それが多すぎても問題ですし、日常的に使うものと混ざっていてはいけないものです。
　これらの3つのいずれにも該当しないものはすべてゴミか、なんで持っているのか自分でも判断がつかないものですので、徹底して排除するようにします。
　こうした分類を行うと、たとえば電源コードばかりを何本ももっていたり、使用していないペンをいくつも持っていたりすることに気づく場合があります。
　そして重要なのは、この3種類の分類は、なるべく別の場所に保管するということです。「使用中」のものを「保管中」のものや記念にとっているものとは別にしておくことで、探しものにかかる時間が短縮できますし、「保管中」のものが多すぎないかといったように、分類ごとに最適な量を知るための目安になるからです。

HACK 191　1日1箱の整理術

　整理術とは、つまるところは捨てる技術です。棚や引き出しの整理方法や、衣類のたたみ方といった工夫はあるものの、空間が有限である以上は結局のところ、入ってくる物と出ていく物の量のバランスに帰結します。簡単な数式で書くと、

「入ってくる物の容積＜出ていく物の容積」

であるなら、しだいに余裕が生まれるのです。多くの場合は部屋に物が溜まってから「整理しなければ」と考えますが、ふだんから出てゆく物の流れを作り出しておけば、整理の必要性を減らせます。
　そんな「物の流れ」を生み出すために、小さな箱を用意します。無理は禁物ですので、本当に小さなもので十分です。もし私のようにマニアックにやるなら、1週間に家に持ち帰る荷物の容積を想定し、その7分の1程度の大きさにします。
　あとは、いらない物を**1日に1度、この箱の分だけ集めて、捨てるか部屋の外に整理**できるようにします。毎日この流れが維持できれば、多少買い物などで荷物が増えたとしても、箱を通して持ち出される物の流れがやがて吸収してくれます。
　この方法の良い点は、やる気や、儀式のような物との別れを意識する必要が少ない点です。
　逆に、書籍などのように捨てられないタイプの物を買うときにも「いま、これを買うことであの箱2つ分の何かを追い出さないと帳尻が合わないが、大丈夫か」という具合に、整理の単位が自分の中でできるのです。

HACK 192 「紙→デジタル」のフローを机の上に作っておく

　紙をデジタル化して保存できるドキュメントスキャナー ScanSnap は、いまのオフィスに必須といっていいほどです。

　しかし大掃除のときや、紙が多くなってから ScanSnap を使って減らしているようではまだまだです。常に紙を減らしてデジタルを増やすスタイルを貫くには、**机の上に紙がやってきたときからデジタル化されるまでの流れ**が意識できているとよいでしょう。

　たとえば右利きならば書類をそちらで扱うことが多いでしょうから、右手側に書類トレイを配置してすべての紙はここでキャッチします。トレイから書類を取り出して使用し、必要がなくなったものは捨て、残りをデジタル化することになったら、左手側に置いた ScanSnap にそれをスキャンさせます。ゴミ箱は左手側の床に置いて、スキャンし終わった紙もそのまま捨てられるようにしておきましょう。

　まるで工場ラインのように、片方から入った紙が左側に通過するころにはデジタル化されるか、捨てられるかの2つに1つしかないようにしておくのです。

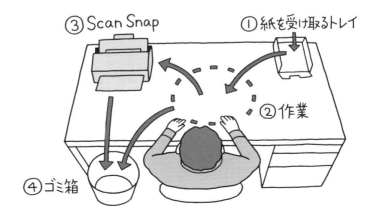

HACK 193 | ScanSnap Cloudで書類を全自動で整理する

　HACK122ですべての紙資料はScanSnapを使ってデジタルにするという話をしましたが、どうせならばスキャンと同時に整理整頓も自動で行いましょう。

　ScanSnapの高度な機能であり、パソコンやスマートフォンの端末を経由せずにScanSnapとWi-Fiだけで書類を自動的に分類してクラウドサービスに保存する**ScanSnap Cloud**を利用するのです。

　この機能を活用すれば、スキャンしてから整理という2ステップの作業だったものを、書類を自動的にクラウド上で整理というところまで1ステップで自動化できるようになります。自動ということは、このステップは誰がやっても同じで、人に任せることも可能だという点も見逃せません。

　ScanSnap Cloudは、iX500、iX100の2機種を利用している人ならば誰でも無償で活用できるサービスです。レシートはMFクラウド、ドキュメントはEvernote、写真はGoogle Photosといったようにウェブサービスを選択し、あとはScanSnap Cloudモードで書類を読み込むだけです。

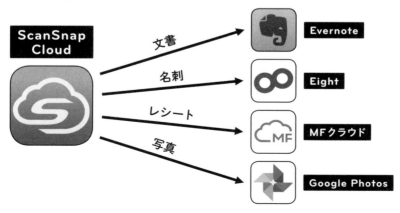

HACK 194 未来に書類を飛ばせる43 Foldersシステム

　机の上に膨大な書類を整頓せずに積み上げている人がたまにいますが、これには1つだけメリットがあります。積み上がった書類の位置で、おおよそいつごろの書類かを言い当てられるのです。

　分類され、整頓された書類からは「いつの書類か」「今後必要か」といった時間の概念がなくなります。そこで、紙にもリマインダのような仕組みを生み出す整理方法が、GTDのデビッド・アレン氏が紹介して広めた、**43 Folders**、あるいは**Tickler File**という方法です。

　43 Foldersシステムを作るには、名前の通り43個のフォルダを用意し、そのうち31個は日付の数字を入れ、残りの12個には月のラベルを記入します。そして書類を直近の1カ月については1〜31日の対応するフォルダに、1カ月より先については対応する月のフォルダに入れておきます。そして朝仕事にきたら、当日のファイルに書類がないかをチェックして一番後ろへと移動するという具合に使います。

　43 Foldersシステムは、**いま必要のない書類を未来に向かって送信できる仕組み**といってもいいのです。

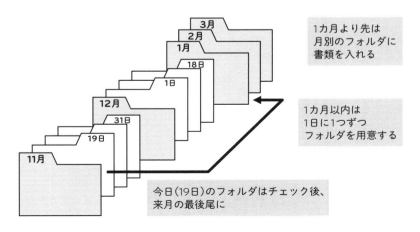

HACK 195 マグネットシートで空中にものを整理する

整理整頓の格言に「**表面は聖域だと思え**」というものがあります。机の上や本棚の上といった表面は、その上に何も置けなくなるので注意して利用せよという意味です。しかし壁面などの空中を「表面」に変えることで、活用することも可能です。

ここで活躍するのが、3Mやコクヨなどから発売されている貼り付けタイプのマグネットシートです。本棚の横、あるいは机の足元などに貼り付ければ、その場所を新しい「表面」にして、磁石を利用した収納場所にできます。

たとえば机の横や棚板の裏にこれらのシートを貼り付ければ、ティッシュペーパーの箱に磁石を仕込んで貼り付けることや、鍵などを吊り下げる収納場所を作ることができます。

小型のネオジウム磁石や磁石テープを利用して書棚の側面に書類ラックを作ってもいいですし、金属製のケースを使って小物を空中に「収納」しておくことだって可能です。

強力磁石と磁力シートで、棚に小物入れを貼り付けることも

| HACK 196 | 無印良品のEVAケースで小物を縦に整理する |

　引き出しの中を整理するときに、箱型の小物入れを使うことがよくあると思いますが、実はここには1つの落とし穴があります。

　小物入れは分類にはよいものの、底に物を置いているだけなので、上方向の空間がムダになりがちです。上から物を重ねてもいいのですが、そうすると今度は底の物が見えなくなります。

　こうしたとき、ジップロック付きの**無印良品のEVAケース**を使うと、小物をまるで本や書類のように立てて整理することが可能になります。名刺、カード、レシートのような紙類だけでなく、ケーブルやアダプタ、薬といったこまごまとした物も入れてしまいましょう。フォルダを指で繰って探すように縦に並んだ小物入れを探せるようになるので、探し物をするときにも便利です。

　整理をしていてどうしても平面が足りなくなってしまうときは、このように、**見落としがちな上方向を活用して、3次元的に物を収納する**工夫が効果的なのです。

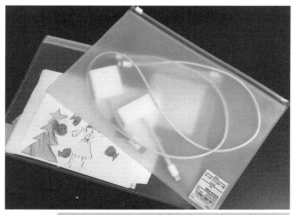

無印のEVAケースに小物を入れて立てて整理する

HACK 197 思い出の品は捨てずにminikuraで保管する

　整理整頓の本質は、いらないものを捨てることですが、いらないものをすべて捨てても部屋の大きさが限られているので、なかなか片付かないという場合も多いでしょう。

　そうしたときに、無理にものを捨てても後悔が残ります。また、本のようにいつか役に立つ蓄積は容易に捨てれば二度と構築できない知的財産を自分の手で壊すことになりかねません。

　部屋を大きくするために引っ越すことも可能ですが、家賃は格段に高くなります。そこで、家賃の上昇幅よりもずっと安い値段で借りることができる貸し倉庫サービスを使うという解決方法があります。

　たとえば、まるでDropboxにファイルを格納するのと同じような感覚でものを預けることができる寺田倉庫の**minikura**というサービスがあります。

　minikuraには、月200円で指定の箱に詰めたものを保管してくれるHakoプランと、月250円で30点を上限に箱の中の品を撮影してウェブ上で閲覧可能にしてくれるMonoプランがあります。

　我が家では、今のところ読む予定のない本、季節衣類などを中心にMonoプラン、Hakoプランあわせて20個以上の荷物を常にminikuraに預けています。必要に応じて呼び戻して入れ替えることによって、部屋に入りきらない荷物を捨てずに済むようにしているのです。

　子どもが小さいころにつくった工作や、着られなくなった服や靴などを、場所がないという理由で泣く泣く捨てている人もいると思いますが、そうしたものも預けておけば、部屋を圧迫せずに保管できるようになります。

HACK 198　冷蔵庫をすっきり収納できる3つのアイテム

　引き出しや本棚の整頓はよく話題になりますが、大量の物を日常的に出し入れするのに苦労する場所といえば冷蔵庫もあります。

　最近の冷蔵庫はよく設計されているとはいえ、「縦に入れる」「横に入れる」ことが想定されている場所があり、横に入れる物があふれてしまうと困ってしまう場合があります。

　そのため、百均のカゴや仕切りを使えば、この縦横の想定をくつがえして、冷蔵庫を広く使うことができます。

1. **ボトルホルダー**：縦に置く想定のワインボトルや、ビールの缶を横にしても転がらないようにします。
2. **百均ショップの収納バスケット**：バスケット単位で食品を整理できますし、奥に手をのばすのがラクになります。
3. **仕切り板**：収納の底に水平に物が溜まっている状態を「縦」に直すことで整理ができます。

　縦に入れる物を横に、横に入れる物を縦に入れることで、冷蔵庫のなかの収納も最適化できるのです。

収納バスケットで冷蔵庫のなかの小物も整理できる

> **HACK**
> **199**
>
> モレスキン・ハック（1）
> あこがれの手帳を
> 使いこなす定番ハック

　ピカソやヘミングウェイが愛用した、黒革の手帳をイメージして現代に復刻されたノートが、**モレスキン・ノートブック**です。ページ数が多く、立ったままでも書き込めるくらい堅牢な表紙があり、高級感のあるクリーム色のシンプルな紙面は世界中のファンを魅了し続けています。

　ライフハックが始まった2005年ごろは、まだiPhoneが誕生していなかったこともあって、この手帳をPDA（携帯情報端末）っぽく使うハックが流行しました。そしていまでも、スマートフォンには収まりきらないアイデアや思い出を記録するのに、それらのハックは有効なのです。

　モレスキンを初めて使うという人は、まず次の定番テクニックから試してみて、少しずつ自分のスタイルを作ってみてください。

1. **ページ数を入れる**：ページの下に手書きでページ数を入れておきます。こうすることで、たとえば過去のページを参照したいときは「→56p」といった記法でハイパーリンクをすることが可能ですし、

手帳の上部に期間と出来事を書いておく

手帳全体の目次や索引を作ることも楽になります
2. **情報は日付を入れて時系列で管理する**：書いたタイミングが異なる書き込みが並んでいると、あとで混乱のもととなります。書き込みには必ず日付と見出しを入れておきましょう
3. **上の部分に期間とおもな出来事を書いておく**：モレスキンはどのタイプも外見が似ていますので、一冊が終わったらその上の部分に「書き込みの期間」と「おもな出来事」を書き込んでおきます。こうして人生の出来事が地層のように、手帳の中でしだいに積み上がってゆくのです
4. **小口に色をつけて整理する**：旅行のメモの部分や、「2018年春」といったように、ある程度の期間を小口に色をつけて示すことで、手帳のどこを開けばどの思い出があるかがわかりやすくなります

モレスキン・ノートブックを最初に使うときはあまりにページが整っていて美しいので、書き込むのに気後れしてしまうことがあります。そこで私はノートブックを買ってきたら、**その日のうちに最初のページをとりとめもない考え事で「汚す」**ことを勧めています。

最初は、「つまらないことを書いてしまった」と思ってしまうかもしれませんが、繰り返し手帳を「汚し」ているうちに、そこにかけがえのない思い出が降り積もってゆくのです。

手帳の小口を目次にする

HACK 200 モレスキン・ハック（2）拡張ポケットに窓をつくる

　モレスキン・ノートブックの見た目の特徴に、ページを束ねるゴムバンドと、角の丸み、そして内側に仕込まれた**拡張ポケット**があります。

　この拡張ポケットは、小さなメモ用紙やレシート、名刺など、さまざまな小物を入れることができて便利ですが、外側からは何が入っているかわからないという欠点があります。

　そこで、この**拡張ポケットの中身がわかるように、「窓」を開けるという工作をする**のがおすすめです。

　まず、拡張ポケットにプラスチックのカードなどを入れ、それをカッター台にすることでポケットの表側の面だけに穴を開けます。開いた部分には、切り取ったクリアファイルを内側から貼り付ければ、透明の窓になります。

　作業にして半時間ほどかかりますが、拡張ポケットの中が見えるだけで使い勝手がまったく変わります。慣れてきたら、窓の形をハート型にしてみたり、窓の周囲に装飾をしてみたりして遊び心を加えてみるのもよいでしょう。

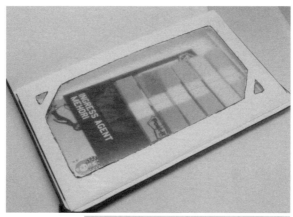

拡張ポケットに窓をあけて小物を見やすくする

HACK 201 モレスキン・ハック（3）写真シールでページを賑やかに

　モレスキンに限りませんが、ノートブックのページが文字だけだと華やかさに欠けるだけではなく、見返す際にも文章をすべて読まないといけないので面倒なことがあります。

　絵心があるならば、イラストや絵文字でページを装飾してゆくのがよいのですが、それが苦手だったり、時間がなかったりする場合におすすめなのが、スマートフォンの**「写真シール」**アプリです。

　「写真シール」はA-Oneブランドのさまざまなシール台紙に対応しており、写真を選択してテキストやスタンプで装飾してWi-Fiを通して印刷するだけで簡単に貼り付けられるシールを作成することができます。

　モレスキンのページに貼るには、葉書サイズのシートに4枚のシールが載っている「Extra-Large4面」がちょうどよいサイズになります。

　その日の出来事を写真で貼り付け、それに解説を1行加えるだけで、手帳の見た目が急によくなり、情報を探しやすくなるのです。

A-Oneの写真シールアプリでスマートフォンの写真を印刷

| HACK 202 | モレスキン・ハック（4）テンプレを透かして使いこなす |

　モレスキン・ノートブックには罫線の入ったルールド、通常の方眼と、無地のプレーン、そして最近はドット方眼の4種類があります。

　このうち、最も自由に書き込むことができるのはプレーンです。罫線がないと書きにくいと思われるかもしれませんが、手帳に慣れた人は紙面の使い方をイメージしながら細かく調整しつつ書き込み、最終的に満足のゆくページを作り出すことができます。

　まだそこまでページをイメージできないという人は、**ページのテンプレート**を作ってみましょう。

　まず厚紙に、方眼や、作りたいと思っているページのテンプレートを印刷して、モレスキンのページの裏側に配置します。すると、ちょうどそれをなぞることができる程度に裏側を透かしてみることができるので、それを目安に書き込んでいきます。

　こうしたテンプレートを使って、プレーンのノートブックをシステム手帳のように使ったり、カレンダーのように使ったり、整然としたタスクリストを作るといったことも可能になります。

ページを透かしてテンプレートにそって記入する

HACK 203 レゴで身の回りの小物を自作する

子ども時代にレゴで遊んだという人は多いと思います。レゴの魅力は小さなピースを組み合わせて、思い描いた形をなんでも実現できるところですが、これを使って身の回りのちょっとしたものを作ることもできます。

たとえばちょうどいい大きさ・傾きのスマートフォンホルダーがないと思ったら、レゴで細かく調整しながら作ることができます。自分のニーズにちょうど合った小物入れやペン立てなどといったものでもいいでしょう。また、市販されているレゴのキーホルダーと基礎板を応用すれば、鍵をぶら下げる鍵置き場を作ることも可能です。「思い描いた形をなんでも実現できる」というレゴの特徴を活かして、便利なものを自分の生活に合わせてカスタマイズすることできるわけです。

近年のレゴはセットになっているものが多いですが、基本ピースの詰め合わせについては「クラシック・アイデアパーツ」を選択すれば応用範囲の広い制作ができます。

レゴならどんな寸法の小物でも自作できる

HACK 204 手帳を彩る手描きアイコンを覚えておこう

手帳に華やかさを加えて、もっと楽しくするためには、絵やイラストを入れるのが一番です。「でも絵を描くのは苦手で……」という人は、簡単な手順で描くことができるアイコンを取り入れてみましょう。

これ以外にも、さまざまなアイコンを、スマートフォンで入力できる絵文字を参考に描くことができます。小さいものから始めてみると、しだいに慣れてきて絵を描くのが楽しくなってきます。

装飾・イラストを探してみよう

また、手帳のページで話題が変わるときの区切り線や、強調したいときの枠もいくつか覚えておくと便利です。雑誌のレイアウトなどを参考に、ほんの少し文字の装飾やイラストを加えるだけで、手帳のページが華やかになるのです。

こうしたアイデアはPinterest上で「ノート ラクガキ」あるいは「notebook doodles」で検索すると、たくさんの魅力的な実例を発見することができますので、参考にしてみましょう。

HACK 205 | 紙全体を使って、大量のアイデアを「キャプチャー」する

　マインドマップを描くときや、とにかくたくさんのアイデアを書き出すとき、小さなメモ帳では十分ではありません。

　小さな紙を使っていると、どうしてもその大きさに束縛されてしまうために、出すアイデアの量が減ってしまいます。大きめの紙全体に大胆に書き、余白を十分に使えるからこそ、思考が自由になるのです。

　こうしたとき、机の上で個人で使うならまずはB4かA3の紙、グループでディスカッションをする際には4つ切りか8つ切りサイズの画用紙などを活用するところから始めてもよいでしょう。

　携帯性を考える必要がある場合は、A4サイズで、見出しとナンバリングの欄のある**ニーモシネA4ノート**か、**EDiTアイデア用ノート**を使うのがおすすめです。

　それぞれ、上部の見出し部分を利用することで、巨大な情報カードのように思考に題名を与え、無地の部分には自由に書き込みます。EDiTノートの場合は、ノートに付属している付箋を使って、用紙自体を「自由にアイデアを配置する台紙」にすることもできます。

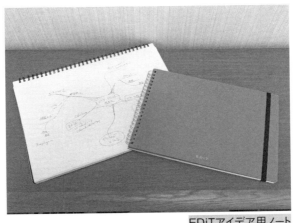

EDiTアイデア用ノート

HACK 206 百均でも買える代用モレスキンと情報カード

百円均一ショップは、安い整理・文具アイテムの宝庫です。

引き出しの小物を外から見えるように整理したいならばガラス製の小型キャニスターがおすすめですし、本棚を立体的に利用したいならば大きさの合ったワイヤーラックを導入して、上下に物が置けるように工夫することもできます。

なかでも人気なのが、ダイソーで購入することができる**モレスキン風の手帳、通称「ダイスキン」**です。拡張ポケットはないものの、表紙やページ、そしてゴムバンドは似ていて、モレスキンと同じような利用の仕方ができます。

また、ダイソーは**5×3インチのインデックス・カードサイズの情報カード**も販売しています。こちらは縦に持つことができるので、手のひらにもってアイデアをメモするのに最適です。

他にも百均ショップではさまざまなバラエティの手帳、カレンダー、付箋が手に入りますので、ぜひ百均でライフハックアイテムをそろえてみてください。

ダイソーで購入できる代用モレスキンと情報カード

HACK 207　繰り返し使う書き込みは自作スタンプにする

　私は仕事の関係で地図を使うことが多いために、日本の地図や、北半球を北極から見た地図をノートに描くことが何度もあります。

　しかしそのたびに日本や世界の海岸線の特徴を思い出して描くのは至難の業でしたし、時間のかかる作業でした。そこで、インクをつけて**紙の手帳にそのまま押すことができるスタンプ**で地図を作ってみたところ、大幅に手間を軽減することができました。

　自作のスタンプは、いまではIllustrator用に作ったデータを送信するだけで簡単に作ることができます。それを使って日記のテンプレートを作成したり、見出しや区切り線を自由に作ったりすることでオリジナルの紙面を作り出すことができるのです。

　既製品のスタンプにも、手帳に押すことでさまざまな機能性をもたせることができるものがあります。

　たとえばOSANPO Shoppingのラインナップには、押すだけでToDoリストのチェックボックスを作れるもの、週の曜日を並べてスケジュール表を作るのに役立つといったスタンプがたくさんあります。

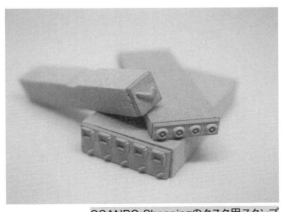

OSANPO Shoppingのタスク用スタンプ

HACK 208 「指差し確認」を生活にも取り入れる

　電車に乗る際に、ホームに立つ駅員が「乗降よし！」といった具合に声を出し、指を差して確認を行っている風景を見たことがあると思います。
　これは旧国鉄で始まった**指差喚呼**と呼ばれる安全動作で、これを行うことで事故や危険の見逃しを大幅に減らせることがわかっています。そしてこの習慣は鉄道だけでなく、運輸全般や建築の現場などで広く活用されています。
　この指差し確認は、日常においても応用することができます。私の妻は外出の際、窓を閉じたか、鍵を閉めたかといったことが、あとになって思い出せず、不安になるということを繰り返していました。そこで私の提案で「窓よし」「鍵よし」と指差し確認を行うことで、鍵のかけ忘れも、かけたあとでその事実を忘れることも格段に減ったのです。

単純だけど効果大

　指差し確認は、**1. 目で対象を確認し**、**2. 指を差し**、**3.「○○、よし！」と実際に声を発し**、**4. それを自分の耳で聞き取る**という一連の動作によって、視覚、聴覚、動作といった多面的な記憶を印象づけることで効果をもちます。
　これに対してそばにいる人が、「確認、よし」と言ってあげることで、さらにその印象を強めることも可能です。
　戸締まり、火の用心などから、スーパーでの買い物、駐車場に置いた車の場所などといったようにうっかりしていると忘れそうなことについて、指差し確認は単純だからこそ大きな効果を発揮してくれます。

HACK 209

充電ケーブルとバッテリーは行き先とカバンの数だけ買う

　バッテリーを持っているのに、スマートフォンの充電ケーブルを忘れたということはありませんか？ あるいはケーブルがないので自宅のものを持ち出したら、それを職場に忘れて今度は自宅で充電できなくなったという経験は？

　バッテリーと充電ケーブルのように、常に使うものはそれをうっかり忘れた際のダメージが大きくなりがちです。これは持ち出すから忘れてしまうわけで、そもそも持ち出すという状況をなくしてしまえば問題がなくなります。

　そこで私は**自宅、職場、そして使用しているカバンの数だけケーブルを買う**とともに、カバンの数だけバッテリーも買って、それぞれの場所やカバンに専用のケーブル、バッテリーという運用の仕方をしています。

　同じことは筆記用具やイヤホン、傘といったものにもあてはまります。自宅、職場、カバンといったラベルを付けておくことで、持ち出しても元の場所に戻せるようにしておけます。

　最近のスマートフォン用のケーブルは高価になりがちですが、Amazonベーシックのラインナップから選べば、比較的品質もよく、安価なものを入手することができます。

　また、バッテリーについてはうっかり充電を忘れてしまうということがよくありますので、**同じものを複数買っておき、片方を使っている間はもう片方を充電**しているという運用にすれば、「バッテリーは忘れなかったものの空っぽ」ということが少なくなります。

　持ち出すから、忘れ物になってしまう。この視点は忘れ物を減らすのにたびたび応用できる考え方です。忘れ物を少なくするために努力するよりも、その原因を取り去れないかを検討してみましょう。

HACK 210 出張の準備を「指令書」にしてかばんに隠しておく

　4泊5日の出張に必要なシャツの枚数や、靴下の数、あるいはアメニティなどがすぐにわかりますか？　国内出張だけではなく、それが海外出張だった場合は？

　忙しいなか出張の荷造りを事前に行うのは大変です。特に、長期の出張の場合、どの程度の荷物が必要になるのか、前回はどのような荷物で行ったのかといったことは忘れがちです。

　こうした荷造りの負担を軽減し、過去の経験を未来に持ち込むために、**出張に必要なもののリストをあらかじめ作成してEvernoteの中に保管しておくだけでなく、印刷してトランクの中に入れておく**のが便利です。

　出張のときに必ず使うトランクを開けてみれば、スパイの指令書かのようにその紙が入っていて、いくつの衣類と小物を入れればいいのかといった正確な数が書かれていますので、あとはそれを集めてゆくだけになります。

　実際に長めの出張に行った際は、このリストをアップデートするチャンスです。旅慣れてくるにつれ、たとえば海外のホテルで洗濯をする方法を覚えたので衣類は2セット少なくてもよい、スリッパはあったほうがよいなどといったように常に調整をしていきます。

　同様のことは短めの出張でも応用可能です。出張のときに取り出す指令書のカードに「日帰りならこれだけ」「1泊ならこれだけ」というテンプレートを用意して、いつも使うかばんに潜ませておくのです。

　慣れてくると、たとえ海外出張であっても、余計なものを一切持たない身軽な装備を、ものの30分ほどでそろえることが可能です。指令書に蓄積した過去の経験が、いまの自分の時間を節約してくれるのです。

HACK 211 扇風機のあて方で暑い部屋を冷却する

　夏の暑い日に部屋に戻ってきたときに使える扇風機のテクニックを覚えておきましょう。部屋の中で熱は天井近く、あるいは物置や本棚などといった大きめの家具に溜まりがちです。こうした場所の熱を追い出さない限り、部屋は暑いままなのです。

　そこで直進性の高いサーキュレーター式の扇風機で天井、あるいは物置や家具に風をあてて熱を追い出すのが効果的です。

　また、外気のほうが涼しくなる夜間は、**外から空気を取り込んだほうが素早く部屋が涼しく**なります。小型の扇風機を利用して、窓は細く扇風機の横幅と同じ程度まで閉めます。そして、そこに外から部屋の内側に向かって風が吹き込むように扇風機を配置して、時間をかけて外気を取り込むのです。

　この外気の流れと、天井の付近の空気を追い出す流れを組み合わせることで、しだいに部屋の温度が下がってきます。エアコンを使う場合も、こうした熱のこもっている場所を意識して扇風機を同時に回すことによって、設定温度を下げずに快適にすることが可能なのです。

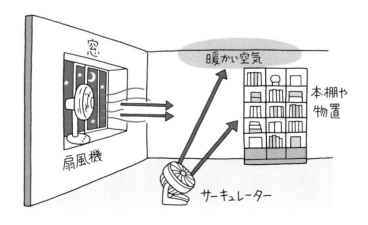

HACK 212 毎日行う小さなトレーニングで、ゆるやかに健康を維持する

　私は子どものころから慢性的なアレルギー性鼻炎で、一番ひどいときには鼻で呼吸できることがまれな時期もありました。アレルギーの治療なども行ったものの、なかなか完治というところまではいかずに悩まされていたのです。

　それが好転したのは、鼻うがいの製品「ハナノア」を使って鼻の奥の洗浄を毎日繰り返すという習慣を取り入れたところからです。少しも効いていないのではないかと思いながらも、半年から1年間それを続けたところから変化は少しずつ始まり、いまではほとんど鼻がつまることもなくなりました。

　似たような例で、近くと遠くを繰り返し見つめて眼筋をトレーニングするという習慣を私は続けています。職場の近くにちょうどいい山があるので、その斜面の木を、枝を、木の葉の1つひとつに至るまで、涙が出そうになるまで見つめるということをしているのですが、そのかいもあってか、これだけ目を酷使しながらもまだメガネのお世話にはなっていません。

　この2つの体験の共通点は、**「自分にとって効果がありそうな方法をとにかくしつこく繰り返す」**ところにあります。

　健康に関することは、個人差が大きすぎてなかなか正解がありませんが、アレルギーや目の疲れと長い間つきあっているうちに「これをすると調子がいい」というポイントに気づくことがあります。

　そうしたことに気づいたなら、それを小さなトレーニングにして日常に取り入れて、数カ月単位で実践してみることによって、慢性的な状態に変化が生まれることがあります。

　「これが効くようだ」というものがわかるまで1カ月単位の試行錯誤が必要になるものの、見つけることができれば、小さなトレーニングが大きな効果を生み出すことも多いのです。

HACK 213 　水を定期的に飲んで疲労を避ける

　睡眠や食事が足りているにもかかわらず、体がだるいと感じられることがあります。疲れが抜けにくく、午後に眠気がおそってきやすくなって、全体的に調子が悪いという状態です。
　病的な原因や慢性的な理由がない場合、こうした疲労は脱水症状によってもたらされていることがよくあります。生活を劇的にラクにする可能性があるのに見過ごされることが多いのが、日常における水の補給なのです。
　一時は「1日にコップ8杯」といった目標や目安が紹介されることもありましたが、現在ではそうした量には個人差が大きいということがわかっています。もし激しい運動も日常的に行うなら、お茶やコーヒーなどといった利尿作用の大きい飲料ではなく、水や吸収のよい飲料で定期的に水分補給を行いましょう。
　睡眠中には体が特に水分を失うので、睡眠前と起床後には意識的に水を飲むようにします。また、慣れるまではちょっと回数が多めになることを意識しつつ、午前の水分補給、食前の水分補給、午後の水分補給といったように時間を決めておくのがよいでしょう。

水を確実にとるために

　スマートフォンには「わたしの水バランス」「Waterlogged」などの水の摂取を記録し、必要に応じて通知してくれるアプリもあります。上記の注意を念頭に、自分に最適な量を飲むためのリマインダとして導入してみるのもいいでしょう。
　意識的に水を飲むというのは見過ごされがちな小さな習慣ですが、長い目で見たときに疲労を避け、膨大なエネルギーをムダにしないためにこれほど効果的なものもないのです。

HACK 214 TrackRで「なくし物」をスマートフォンから探せる

財布や鍵といったように、手にしていないと外出できないものに限って、部屋のなかで見失いがちです。一説によれば、こうしたなくし物を探すために私たちは1日平均して10分間、年間にして60時間を使っているといわれています。

つまり、最もなくしやすいスマートフォン、家の鍵、財布について対策をとることができれば、イライラせずに済むだけでなく、大きな時間節約にもなるのです。

ここで利用できるのが、**TrackR**という、直径31ミリで薄さが3.5ミリという小さなデバイスです。TrackRは財布に入れておくか、キーチェーンにつけておくことで、スマートフォンと連動してアラームを発して、探しているものを見つけやすくしてくれます。

なくしたものが近くにあるなら、その距離をスマートフォン上で確認することもできますし、もし街で落としてしまった場合にも、近くに別のTrackRユーザーが通りかかった際に位置を知ることができるという機能もあります。また逆に、TrackRが手元にあってスマートフォンが見当たらないようなら、TrackR側からスマートフォンのアラームを鳴らして探すことも可能です。

TrackRは1つといわず、いきなり4〜5個を手に入れてスマートフォン、財布、手帳などを一切なくさない生活を始めたほうが、気持ちよく過ごすことができますのでおすすめです。

TrackR bravo

HACK 215 イヤホンのケーブルは8の字で巻いて絡まりを防ぐ

　音楽を聴くためにイヤホンをかばんに入れる際に、うっかりそのまま放りこんでしまったために、ほどくのが困難なほどケーブルが絡まったということはないでしょうか？

　こうしたことを防ぐために、イヤホンをしまう際に、決して絡まることがない片付け方を習慣として身につけましょう。

　まず、イヤホンのケーブルの耳につける側を指でつまんで2本の指の間を8の字で巻きとります。残り15センチほどになったら、作った8の字の束の周囲に巻きつけることでほどけないように固定します。

　もう一つ、人気があるのはバインダークリップを使った方法です。閉じたクリップ部分にケーブルを通し、つまみの部分にケーブルを巻き付ければ簡単にケーブルを収納できます。

　小さなことですが、こうした日常の苛立ちにはたいてい小さな解決方法がありますので、日常の不満があったらすぐに調べてみるのもライフハック的な思考なのです。

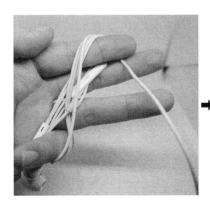 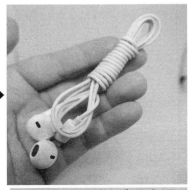

指で8の字を作ってケーブルを巻き取る

HACK 216 充電ケーブルの断線はマスキングテープで防ぐ

　アップルのLightningケーブルに代表されるようなスマートフォンの充電ケーブルは、買うとけっこうな値段がするわりに、使用していると根元が破損してしまうことがよくあります。

　これを防ぐためによく紹介されているのがノック式ボールペンの中にあるバネを根元部分に巻きつけることで強化するというハックですが、ボールペンを1つムダにしてしまいますし、きれいに取り付けるのは意外に難しいものです。

　そこで、もっと簡単で効果的な方法が、**マスキングテープか粘着テープを使って根元部分をあらかじめ補強しておく**ことです。根元部分はしっかりと固定し、そこから巻きつけ方をしだいにゆるめておくことでケーブルのしなやかさを保っておけば、どこか1カ所に力がかかりすぎて断線することがなくなります。

　ケーブルそのものをすべてマスキングテープで巻いてしまうことによってケーブルを曲がりにくい、高い強度のものにしてしまうというテクニックもあります。針金で補強したケーブルが市販されていますが、この方法なら安価で同じ効果を生み出せるのです。

断線しやすい場所をマスキングテープで補強する

HACK 217　アフォーダンスを利用して傘の持ち去りを防ぐ

アフォーダンスという知覚心理学の用語があります。たとえば石があるとそこに座ってしまうことがよくありますが、それは石の形状や配置が、私たちの知覚に「ここには座れる」というメッセージとして解釈されているのです。環境が私たちに対して与える意味、それがアフォーダンスなのです。

この効果を利用して、たとえば傘の取り違えのような日常の苛立ちを防止することができます。

たとえばマスキングテープを利用して傘の持ち手部分を個性的にデコレーションしたり、何重にも巻きつけた部分をつくったりして手触りを変えておきます。すると、誰か他の人が手に持った瞬間に「これは違う」という感覚が、手触りだけから伝わるのです。

似たような例として、旅先でのトランクの取り違えをなくすためにカバーやタグを付けるだけでなく、持ち手の部分にベルクロのテープなどを巻きつけて感触を変えておきましょう。持った瞬間に違和感があれば、アフォーダンスの効果で他の人はすぐに自分のものではないと気づくことができるのです。

アフォーダンスの考え方は、たとえばボタンの形状があると思わず押してしまう、めくれそうにしてある書類は裏側を確かめてしまうといったような形で、他の人に行動を起こさせるために利用することもできます。

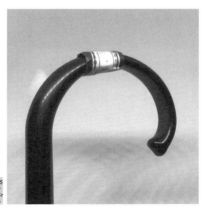

傘の持ち手の手触りを変えることで持ち去りを防ぐ

日常生活・旅行「ちょっとした快適さを」

HACK 218 写真で髪型のテンプレートを保存する

　私は美容室で自分の髪型を説明するのが苦手なタイプです。自分の髪のことながら、どのように指定すればいいのか戸惑いますし、指定しようとする髪型が似合わないのではないかなどと心配しているうちに、「適当に短く」と言ってしまいがちです。

　それでも美容師さんの腕もあって、ときどき「これはうまくいった」と気に入った仕上がりになることもあります。そんなときは、その**髪型を前後左右から撮影**しておきましょう。そして、次回からは「この程度に切ってください」といえるように、Evernoteなどに保存しておきます。

日常生活のテンプレート

　このように、「説明を省くために撮影しておく」ことができるものは他にもさまざまあります。いつも使っているシャンプーや日用品の銘柄、友人を自宅に道案内するための曲がり角の写真、バスや電車の時刻表といったようなものです。

　たとえば友人が自宅を訪問しようとしているときに、口で「あの曲がり角に気をつけて」と説明するよりも、見落としやすい場所の写真を送ってしまうほうがスマートですし、家族に買い物を頼む際にも銘柄やパッケージの特徴を説明するよりも、「これを買って」と写真で送ることができるように写真をそろえておくのです。

　Evernoteならば、そうした写真に位置情報を加えてノートに保存することもできますので、美容室で思い出したいノート、停留所で思い出したいノートといった具合に保存しておくのもよいでしょう。

HACK 219

防水から簡単な修理にまで使えるダクトテープ

アメリカには**ダクトテープ**、いわゆる強粘着テープの熱烈な愛好者が数多くいます。補修や接着といった普通の使い方以外にも、ダクトテープでハンモックを作ったり、コップや服を作ったりまでするその愛着ぶりは、ほとんど宗教といっていいくらいです。「ダクトテープは宇宙をつなぎとめている」と断言する人もいるくらいです。

その膨大な使用例には日常的に役に立つものもいくつかあります。たとえばダクトテープを靴底や、椅子の足に目立たないように貼り付けておくと靴の摩耗を抑え、椅子が床を傷つけるのを防げます。

穴のあいた傘をダクトテープで補修するのは普通の使い方ですが、折れた骨を補修し、曲がった持ち手を補強してその日をやりすごすのにも利用できます。折れて使えなさそうなベビーカーのハンドルや軸なども、ダクトテープでつなぐことで使い通した例も身近に耳にします。

自転車の小さなパンク、車の割れたパーツの補修、台風などに備えての鉢や日用品の固定、雨漏りや隙間風の防止、固い瓶のフタを外すなど、ダクトテープがあるだけでなんとかなってしまう問題は周囲に無数にあるのです。

あるいはダクトテープは本当に、宇宙をつなぎとめているのかもしれません。

ダクトテープを購入する際には、いわゆる粘着テープとは異なる製品である点に注意してください。簡単に手に入るものとしては3M社の「スコッチ強力多用途補修テープ」があります。

3M社「スコッチ強力多用途補修テープ」

HACK 220 | 旅行で役立つミニマルな無印良品のアイテム

　無印良品のミニマルな思想の製品には、旅行先に持ってゆくのにちょうどいいものがいくつかあります。

　その1つが、旅行中に使用する歯磨きや化粧水をちょうどいい量だけ持ち歩くのに使える「**ポリエチレン小分けチューブ**」です。30g/50gの容量で中身を変えつつ何度でも利用できますので、数個持っておくだけでも旅行のたびに便利でしょう。

　長いトランジットで顔を洗いたいときや、石鹸のないホテルで重宝するのがぬるま湯で泡立てることができる「**フィルム石けん**」です。持ち歩いているときに汚れず邪魔になりませんので、数枚しのばせておけば、役立つチャンスは必ずやってきます。

　海外旅行先で洗濯をする際に役立つのが洗濯板とハンガーをコンパクトにまとめた「**携帯用ランドリーセット**」。この洗濯板という発想が実に素晴らしく、海外の洗面所で靴下などを素早く洗濯することができますので、その分だけ荷物を減らすことができます。

　無印良品にはこれ以外にも小さな文房具や化粧品といった、旅行に役立つ小物がありますので、好みのものを探してみてください。

携帯用ランドリーセット

ポリエチレン小分けチューブ/フィルム石けん

HACK 221 | Googleの オフラインマップを 旅先で活用する

　海外旅行で初めての街に降り立ったときに、慣れている人でも戸惑うのが空港からホテルまでの最初の行程です。ここだけは、あらかじめ準備をしておいて交通機関の選択肢や道順を把握しておくのがトラブルを避けるためにも重要です。

　空港に着いたときは、まだ現地のネットワークに接続していなかったり、SIMカードを買う前だったりしますので、すぐにオンラインの地図を開くことができません。こうしたときのために**Googleマップのオフライン機能**を使って、あらかじめ行き先の地図情報をスマートフォンのなかにダウンロードしておけば安心です。

　オフラインのマップはGoogleマップのアプリのメニューで「オフラインエリア」を選択することで任意の範囲で作成することができ、約30日保存されます。

　オフラインエリアの機能は、電波が圏外になりがちな地方に行くことが予想される場合にも便利です。

　たとえネットワークにつながらなくても、地図情報と道路の標識を見比べるだけで現在地を推測することができるようになります。

Googleマップのデータをダウンロードしている様子

日常生活・旅行「ちょっとした快適さを」

HACK 222 | 現地の人が使っている クチコミサイトを活用する

　海外のホテルやレストランを検索する場合に、最初は絞り込む目的で日本語のサイトを使うことがありますが、最終的に決断する前に必ずチェックするようにしているのが、現地で最も利用されているクチコミサイトでの評判です。

　海外の利用者は、日本の旅行者があまり気にしない詳細な点についてコメントを残していることが多くあります。たとえば海外のベッドで悩まされる「bed bugs」（トコジラミ）の有無や、犯罪の起こりやすい地区であるかといった点は、日本語のサイトには出てきません。

　そうした現地の視点を取り入れるために、たとえば **TripAdvisor** や **Travelocity** の現地サイトを確認し、レストランについては欧米で圧倒的なシェアを持っている **Yelp** の評価を参考にするという一手間をかけることで、ハズレを引く可能性を下げることができます。

　こうしたサイトが使えない場合でも、Googleマップの検索で表示される現地のクチコミを翻訳しながら読むだけで参考になるケースは多いでしょう。

Yelpで外国のレビューを確認しているところ

HACK 223 時差ボケを防ぐために重要な3つのポイント

　海外旅行で気になるのが時差ボケです。人体は1日がいつもよりも長くなるのには順応しやすいですが、短くなるのは苦手です。それもあって西向きにヨーロッパに向かうよりも、東向きにアメリカに飛ぶほうが時差ボケの度合いが厳しくなるわけです。ちょうど体内時計によれば体が眠っているべき時間帯に昼間がやってくるからです。

　つらい時差ボケを軽減するために実践できるテクニックがいくつかあります。

①旅の疲れをできるだけ軽減する

　フライト中ずっと目を覚ましていて、到着してから眠ることで時差を調整しようとする人もいますが、これは徹夜明けと同じでかえって逆効果になります。むしろ旅行中の疲労をできる限り軽減するようにしたほうが時差ボケもラクになります。

②脱水を避ける

　フライト中の疲れは乾燥した機内での脱水によって起こることがよくあります。そこでアルコールやコーヒーは避け、水を追加で買っておくのがおすすめです。また、夏であってもマスクの着用は効果的です。飛行機のなかは空調の影響もあって湿度が20％にも下がるため、放っておいても脱水が進むからです。

③体内時間を現地に合わせる

　体内時計は日照時間と、食事時間に大きく左右されます。そこで数日前から目的地の時間帯に近い時間に食事をとり、真っ暗にすることはできなくともブラインドなどを活用して日光を弱めることで、体内時計を新しい時間帯に向けて調整していくことができます。

HACK 224 | 時差を調整するサービスを活用する

　前の項目でも説明した通り、時差ボケに最も影響するのが日光と食事の時間です。そこで、国際線のクルーのなかには事前に目的地に合わせて睡眠時間と食事時間を調整する人もいます。

　そうしたときに活用できるのが、**JetLagRooster**というサイトです。フォームに従って、出発地と到着地、そしてふだんの睡眠時間を入力してから、到着地を指定します。すると、2つの都市間の時差が自動的に計算され、どの時間帯に光を浴び、どの時間帯に眠って起きればよいのかというメニューが算出されます。

　食事時間もあわせて調整したい場合には、**entrain**のようなアプリを使って、1日のサイクルを表示しておくとよいでしょう。

　東向きに旅をする際、これらのサイトやアプリに忠実に従おうとすると日本時間の午前中に光を避けたり、夜中に食事をとったりすることも必要になるので現実には難しい場合もあります。そのときは、できる範囲で夜にあかりをつけて光を浴びたり、少量の夜食で調整するだけでも効果があります。

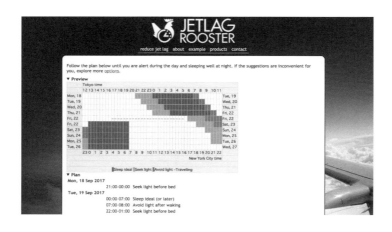

HACK 225 長時間フライトを快適にする3つの方法

私は長時間フライトがあまり苦にならないほうで、アメリカ西海岸までの9時間程度のフライトでは短いと感じてしまうくらいです。

根っからのフライト好きというのもありますが、その時間を快適にするために実践しているいくつかのテクニックが、いつも私を助けてくれます。

①適度の運動とちょっと大げさな水分補給

時差ボケの項目（HACK223）でも紹介した通り、機内の空調は体の脱水を促進して疲れを生じさせます。少し大げさなくらいに水を飲み、トイレに行きがてら数時間おきに歩くだけで足の疲れをほぐすことができます。

②ノイズキャンセリング・ヘッドフォンで騒音を抑える

飛行機の轟音は、長い時間耳にしているとしだいに体力を奪っていきます。これを**ノイズキャンセリング型のヘッドフォン**で低減するだけで、驚くほどフライトがラクになります。多少荷物は増えますが、私はBOSEのQuietcomfort 35という、アラウンドイヤー型のヘッドフォンを使用しています。値段は高いものの、この投資を後悔したことはありません。

③SeatGuruで快適な席を確保する

航空機は使用している機体や会社の運用の仕方によって、少しずつ席の場所や形が違います。たとえば非常口付近や内装の継ぎ目のあたりで多少前後の空間が広めになっている席、足元に機械があって狭い席、リクライニングが制限されている席といったようにです。そうした違いを検索できるのが **SeatGuru** というサイトです。日付けとフライト番号を入力すると、席についてのアドバイスや注意事項が読めますので、それを参考にあらかじめ席をとっておきましょう。

SECTION 08

習慣化・やめない技術

「人生を変える小さな習慣」

三日坊主になったからといって、自分を責める必要はありません。習慣化とは「やめない」ことを続けることなのだと気づけば、あなたの人生はゆるやかに、そして確実に変わっていくのです。

HACK 226

HACK 250

HACK 226 「やめない」仕組みをつくる

　毎日の習慣を攻略することは、人生を書き換えることです。
　目を覚まして歯を磨くことや、どんな食事をとるかといったことから、屋外を歩くときのルートのように無意識なものを含めると、私たちの日常の行動のおよそ45%が習慣だという報告もあります。
　人生を長期的に見て良い方向に変化させたいなら、一念発起して単発の大きな行動を起こすよりも、毎日繰り返す習慣を変えるほうが近道なのです。
　たとえば1日に1枚のスケッチ、たった30分の楽器の練習であったとしても、5年、10年で見ると膨大な時間をそこに注ぎ込むことができます。シェイクスピアがいうとおり、「人間は習慣によってなんと変わるものか！」なのです。

習慣を変えるには「続ける」必要はない

　習慣は必ず継続をしなければいけない、三日坊主や中断は弱さだという考え方がありますが、こうした考えは捨てましょう。
　新しい習慣を身につけるということは、これまでにない新しい行動を人生に取り入れるということです。まずは「行動」ができるかどうかが問題であって、「継続」それ自体には意味がありません。
　逆説的に聞こえるかもしれませんが、**最初は継続を意識するよりも「やめないこと」、つまりは行動をゼロにしない**工夫をさまざまに試してみることから始めます。
　3日運動を続けたけれど、他の予定とぶつかったり、気分が乗らなかったりして中断してしまった？　問題ありません。予定があるときの先回りの仕方、その気になるための作戦を練って再度試みましょう。
　楽器の練習を始めてみても、30分では何も進まない気がして続か

なくなった？　ひょっとすると、練習方法が間違っているのかもしれません。練習時間の使い方を調査し、他の人の意見を聞いてから、新しいプランで再度スタートです。

やめさえしなければ、やがて継続できる方法や条件の組み合わせが見つかり、継続そのものへと近づきます。しかしそれには、「継続」を最初の目標にしてはいけないのです。

やめない仕組みをつくるコツ

こうした「やめない」仕組みをつくるためのコツは、HACK007でも紹介したように、**試す行動を、努力ややる気などに依存しないところまで小さくする**ことです。

最初から30分走るのではなく、5分だけ歩いてみましょう。運動着に着替えるだけでもいいのです。本を読むのが大変なら、1ページだけ開いてみるのはどうでしょう。

そんなに小さくするのか！　とあきれられるくらいでもいいのです。どんなに小さくても「行動」を変えることさえできたなら、それをゆっくりと、しだいに膨らませることで、しだいに大きな「やめない仕組み」へと進化させることができるのです。

HACK 227

行動の回数を数えて調整してゆく

　小さな行動を開始することに成功したなら、**次はその回数をコントロールしていきましょう。**

　時間をなかなか調整できず毎日運動が続けられないなら、たとえば「週に2回は運動する」というところから始めて、それを3回にすることを可能にできないか調整してみます。

　毎日学習をすることができないなら「1日平均1ページ」、「週に7ページ」問題集を進めるだけの時間とモチベーションを生み出せるかを試してみます。

　ここでも、無理は禁物です。「毎日300ページの読書」といった高いハードルを用意して飛び越えようとするのではなく、「毎日2ページ」といったレベルで繰り返してみて、ゆるやかに増やすことができるかを、毎日記録しながら見ていきます。

　こうした「○日ごとに○回」という柔軟な習慣の記録に使うことができるのが、スマートフォンのアプリ「Streaks」です。Streaksは12種類までのタスクを登録し、何日間のうちに何度までそれを実行するかを記録した上で、7日間での達成率、30日での達成率といったようにカレンダー表示やグラフ表示ができます。

　よく、新しい行動が習慣として定着するまで3週間ほどかかるといわれていますが、それは安定して行動を起こせるようになってからのことです。まずは1回の行動を起こせるようにしてから、その回数を増やしていきましょう。

HACK 228 習慣のフィードバックループを意識して行動を変える

チャールズ・デュヒッグ氏は著書"The Power of Habit"において、習慣が定着するのに必要な3つの要素について解説しています。たとえば毎日ランニングに行くといった習慣は、走る時間がきたなどの「**トリガー**」の部分、実際に走りに行く「**応答**」の部分と、行動の結果得られる「**報酬**」に分けて考えることができるのです。

多くの解説では、習慣を定着させるには「運動をすると気持ちがいい」「運動をすると健康になっている気がする」といったように報酬を意識することが強調されます。しかし実際には、「ランニングウェアを玄関にかけておく」などといったトリガーに注意することによって、トリガー・応答・報酬のループが完成します。このループがうまくいけば、その成功体験がフィードバックとなってさらに習慣が定着するようになるのです。

そこで習慣について考えるときは、「ランニングをしよう」「読書をしよう」という行動の部分も大切ですが、**トリガーとなるきっかけを設計する**のが最も重要になります。

読書ならばベッドの上に本を置いておくというきっかけがありますし、学習ならば次に学習する問題を用意しておくというのでもよいでしょう。

実際に習慣にしたい行動ができた場合には、何がうまくいったのかを意識して、次のトリガーを準備することを忘れないようにしましょう。

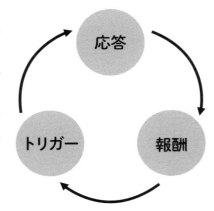

HACK 229 習慣のトリガーとして優秀なのは「時間」と「場所」

　新しい習慣を定着させるときに最も成功しやすいのは、**毎日必ず発生するものをトリガーに設定し、その流れで実行する行動だけを入れ替える**という作戦です。

　たとえば夕食後に必ずテレビを見てしまうという人は、夕食の終わりというトリガーが、テレビを見るという行動につながっていますので、この流れを脱線させて別の行動にすることを試します。

　たとえば私の場合、風呂掃除は私の担当なので、これは必ず発生するトリガーとして機能します。そして何度かの試行錯誤の末、風呂掃除の前に運動着に着替えてしまうと、その流れでランニングを実行できる可能性が最も高いことがわかりました。

　そこで、風呂場の近くに運動着をかけて、トリガーから行動が流れになるように工夫することで、この習慣を定着させるのに成功しました。

　このように毎日決まった時間と場所で発生するものをトリガーとして利用して、実現したい行動をそれに続けて組み込むと成功率が高くなるのです。

　たとえば「朝8時」といった恣意的な時間を設定するよりも「朝食後にその流れで」といったように、あるいは「夜に必ず」と自分に言い聞かせるよりも「最寄り駅まで帰ってきたらその足で」といったように、トリガーを選んでその後の行動を変えてみましょう。

　同様に、夕食後に必ずゲームをしてしまうのをなんとかしたいという人は、夕食後のタイミングでゲームをする手間がほんの少しだけ大きくなるように、箱に片付けてしまう、電源アダプタを別の部屋に置くなどといったことができます。禁止すると、それを破ったときに大きな満足感が発生してしまいますので、トリガーから行動が自動化しないようにやんわりと阻害するのが有効なのです。

HACK 230 新しい行動の「習慣リボルバー」を撃ち続ける

　これまでの日常が変わってしまうような習慣を作る際には、なるべく小さなものに、1つずつ取り組んでゆくと成功率は高くなります。

　それでもある習慣が途中で途切れて、新しい行動を生み出せなくなってしまったら、「自分はダメだ……」などと落ち込むよりも早く別の習慣や別のやり方に切り替えて次々と行動を繰り出してみましょう。

　たとえば運動をするつもりが1週間で止まったら、次は睡眠の習慣に手を入れたり、水分補給の習慣に取り組んだりといったように、とにかく何か新しいことをしている状態を続けてみます。私はリボルバーの拳銃に装填された別々の習慣の行動が撃ち出されるところを想像して、これを「習慣リボルバー」を撃つというように表現しています。

　たとえば、本書で紹介したライフハックの習慣などから最も重要なものを12個選んで次々に実践するというのでもよいでしょう。たとえば私ならば、まず以下を選択します。

- ToDoを作ってから仕事をする　● 黄金時間に集中して仕事をする
- ポモドーロメソッドで集中する　● 睡眠を十分にとる
- ユビキタス・キャプチャーを実践する　● 水分補給を行う
- 歯間ブラシを使う　● 運動を生活に取り入れる
- 情報ダイエットを実践する　● 本を1日に適度のページ読む
- 新しい学びを毎日繰り返す　● 安心領域を攻略する

　ちょっとでも行動がゆるんだら、できそうな習慣に切り替えて行動を打ち出していきます。そのうち、新しいことをしているという状態に慣れてきて、いくつかは継続がラクになって定着してくることでしょう。

　継続が行動を生み出すのではなく、行動が「結果的に」継続につながってゆくように、とにかく撃ち続けるのです。

HACK 231 | フランクリンの13徳目習得法

「同じ習慣を、毎日続けるのは窮屈だ」「人生のさまざまな側面を習慣で改善したい」と思っている人におすすめなのが、アメリカ建国の立役者であり発明家、著述家など多彩な顔をもつベンジャミン・フランクリン氏の**13の徳目の習得方法**です。

フランクリン氏は20歳のころ、節制、沈黙、正義、謙遜など、自分自身を改善したい13の徳目について書き出しました。そして、それぞれに1週間ずつを割り当て、たとえば「謙遜」に割り当てられた週には、特にそれを注意するという習慣を試みたのです。

この13という数字にも意味があります。1年は52週間ですので、**13の徳目を1年に4回注目することで1周するサイクル**になっているわけです。

これと似たように、週ごとの習慣を割り当ててみたり、月曜日の習慣、火曜日の習慣といったように割り当てを作ってみたりしてもいいでしょう。たとえば月曜は夜遅くなることがわかっているけれども金曜には時間があることが多い場合には、短い時間でできる習慣を月曜に、多くの時間の割り当てが必要な習慣を金曜日に、といったようにプログラムを組むのです。

「定期的に見直せる」だけでいい

フランクリン氏は高い理想を掲げて多くの功績を残した人でしたが、飲酒や短気を改めるなどといった、自分が設定した徳目を守れなかったことも知られています。しかしそれでもよいのだと私は思います。自分の欠点を意識し、定期的にそれを見直すだけでも、彼の人生は長い目で見て変わってゆき、それが彼の非凡な功績につながったのではないかと思うのです。

HACK 232 ｜ 鎖を途切らせない「サインフェルド・メソッド」

　コメディアンのジェリー・サインフェルド氏は、駆け出しの人に向けてこのようなアドバイスをしたことがあります。

毎日ネタを書きなさい。1枚で1年分の日付の入ったカレンダーとマーカーを用意して、ネタを書いた日に印をつけるといい。毎日書いているうちに、その印はつながって鎖になっていくだろう。鎖を断ち切ってはいけない。

　重要なのは、「毎日面白いネタを書け」とは言っていない点です。ただ自分の仕事に向き合う時間を毎日確保していれば、いずれクオリティやオリジナリティはあとからついてくることを言外に含めているのです。
　たとえば「毎日ブログを書く」「毎日本を読む」といった習慣だと粒度が大きすぎてどうしても鎖が途切れてしまうなら、それを毎日実行可能なところまで小さくすることも必要です。たとえば「毎日下書きに手を入れる」「毎日2ページを読む」といったようにです。
　この鎖を断ち切らない「サインフェルド・メソッド」を管理するための簡易なカレンダーが Don't Break the Chain です。
　習慣を実行することができた日付をクリックするだけで、自動的に現在鎖がどれだけ長いのか、それまで最長が何日だったのかを教えてくれます。あとは鎖が途切れないように、途切れても次はまたもっと長い鎖が作れるように工夫してゆくのです。

HACK 233 手作り手帳の「習慣トラッカー」を使う

　紙の手帳で習慣を記録する際に便利なのが、1カ月の行動をすべて一目瞭然にする**「習慣トラッキング」**という記録方法です。

　このフォーマットはノートのページを横方向に使います。一番上の行に、1から31まで、日付の欄を記入し、次に縦方向に記録をつけたい習慣や行動記録をつけていきます。このとき、最も注目している習慣を一番上に書き、できれば実践したい細かい行動は下に配置するといいでしょう。

　あとは、その習慣・行動を実践した日に蛍光ペンで色をつけて、横方向に行動の続き具合や回数を記録していきます。

　「習慣トラッカー」につける行動は、小さめのものでかまいません。欧米のサイトでは「甘い飲料を飲まなかった」「ストレッチをした」「誰かに感謝をした」といったように、日々を少し前向きにする行動などを入れることを奨励しています。このページが彩り豊かに塗られてゆくほど、日々が少しずつ明るくなるわけです。

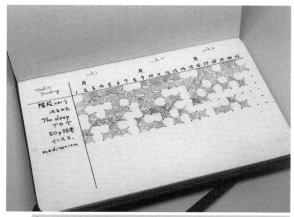

小さな習慣を縦軸に、実践した日付を横に色で表現する

HACK 234 新しい習慣をすでにある習慣に「接ぎ木」する

　すでに忙しい1日に新しい習慣を追加するのは至難の業です。そこで、**すでに存在する習慣に接ぎ木をする**ように、新しい行動を付け加えることで、習慣化をしやすくするという方法があります。

　たとえば「運動をする」「体重計に乗る」という習慣は、一連の動作にしてしまうことで同時に達成できるようになります。同様に、

- 歯を磨くついでに、歯間ブラシを使う
- 朝の珈琲を飲む前に、となりに置いてあるサプリを飲む
- 通勤の電車に乗ったなら、必ず本を開く

といったように、毎日行う行動に便乗させて新しい行動を付け加えることができます。

　関係のない習慣の行動を、HACK100で紹介したようなチェックリストの形式にしてまとめて実践してしまうという方法もあります。

　たとえば朝起きたら、

- 天気をチェックして（すでに確立している習慣）、
- その日の運動のメニューを、晴れているならランニング、雨なら筋トレといったように選択し
- その日のToDoリストを確認し
- 朝のファースト・タスク（HACK068）を実行し……

といったように、仕事から健康、趣味に至るまでを流れの作業にしてしまうわけです。

　これは10個の習慣を実践しなければいけないという負担を、10個の小さなピースに分かれている1つのチェックリストにしてしまうという置き換えに過ぎませんが、こうしたほうがやるかやらないかという判断が入りにくくなって実行力が上がるという側面もあります。トリガーを設定しにくい習慣については、このようにトリガーが確立している別の習慣を利用するのも1つの手段なのです。

HACK 235 チャリティーを開いて習慣化を応援してもらう

 私が日本でもっと広まってほしいと思っているのが**「習慣づけのために、チャリティーを行う」**という方法です。
 欧米だと「チャリティーのために走っている」「チャリティーのために登山をしている」という話題がたまにニュースになりますが、これは他の人の応援を、自分のモチベーションに変える効果があるのです。
 取り組み方はこうです。

1. コミットしたい社会運動を選んで、目標を設定します。たとえば「21日間ランニングができたら」「禁煙が4週間続いたら」といった、多少の高めの、共感を呼ぶハードルを用意します
2. 家族や友人、あるいはSNS上で「21日間ランニングができたら寄付をお願いします」と呼びかけます。他の人の注目と応援を利用してモチベーションを高めることが目的ですから、集まる寄付の金額の多寡はそれほど重要ではありません
3. 進捗を定期的に報告します。SNSを利用する場合は、ランニングを記録するアプリの画面などといったように、検証可能な情報を付加するとよいでしょう

 実際には寄付を集めずに、応援だけを集めるという方法もありますし、達成できたときに寄付するのは自分であってもよいのです。
 習慣化のために苦労して、そのうえ寄付までするのはおかしくないか？ と思うかもしれませんが、応援のおかげで目標を達成できたので、その感謝の意味を込めてと理解すれば不自然ではありません。
 なにか大きな目的のために自分の力を使うというのは、気持ちのいいものです。そこに自分の成長も重ねてしまえるのですから、これはwin-winの取り組みなのです。

HACK 236

続けないと
お金が引き落とされる
Beeminder

　ときには、プレッシャーがあったほうが習慣を続けることがラクになるということがあるかもしれません。たとえば家族や友人に実践している習慣について話して、定期的に続いているかどうかについて報告することで、かっこ悪いところを見せたくないという気持ちで継続をうながすのはとても有効な手段です。

　もっと極端な例として、継続できない場合に金銭的なペナルティーを受けてしまうサービスがBeeminderです。

　Beeminderは「週に3回運動する」といったようにコミットする習慣の量を宣言し、それに対して何日の猶予があるかをわかりやすいグラフにして表示します。

　行動が宣言通りに進んでいるならば、斜めに描かれた線の上に乗りますが、設定してあるバッファ領域を越えて遅れると、登録したクレジットカードから宣言したお金（たいてい は$5ほどの少額ですが）が引き落とされてしまいます。

　Beeminderでは途中でコミット量を変化することもできますが、それがグラフに反映されるのは1週間後といったように、その日の気の迷いで習慣が脱線することを容認しないように作られています。

　日本語の入力や単位に対応していないなどといった制限はありますが、ここまで徹底して習慣化へのプレッシャーを与えるサービスは他にありません。

　コミットする金額には注意して利用してみてください。

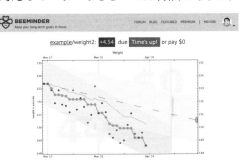

Beeminderで習慣を管理する

HACK 237 悪癖メモでやめたい行動を断ち切る

　悪癖となっている、悪い習慣をやめるにはどうすればいいのでしょうか？

　習慣が「トリガー・応答・報酬」の3つからできていることはすでに紹介しましたが、得てして私たちは「タバコを吸う」「爪を噛む」といった「行動」の部分を心理的に責め、そのプレッシャーで悪癖を断ち切ろうとします。しかしこれでは、習慣をそもそも引き起こしている「トリガー」と「報酬」がそのままですので、うまくいきません。

　そこで、たとえばタバコを吸うたびに、なぜいま、このタイミングで吸いたくなったのかを詳細にメモしてみます。あるいは、そのときどんな気持ちだったか（気持ちが落ち着いた、イライラが解消できた、休息がとれた、etc.）もメモします。無意識になっているトリガーと報酬を、白日のもとに引っ張り出してくるのです。

　すると、たとえば「ストレスが高まったとき」「作業が一段落したとき」といったタイミングがトリガーになり、「リラックスした」という報酬が得られているといった分析ができるようになります。

　トリガーと報酬が見えてきたなら、**同じトリガーを使って、行動だけを入れ替えられないか**を試みます。たとえば爪を噛みたいという衝動の高まりを意識したら、すぐにそれがトリガーだと判断してポケットに手を入れてしまうといったようにです。

　そうして一度行動を書き換えることに成功したら、どんなに小さなことでもいいので自分に報酬を与えます。飴をなめるといったことでも、ガッツポーズを決めるといったことでも十分です。

　そうして悪癖のトリガーと報酬を攻略することで、新しい習慣のループがしだいにできれば、なかなかやめられない行動からしだいに離れてゆくことができるのです。

HACK 238　3種類ある「意志の力」を意識する

　習慣が途切れてしまうのは、意志の力が弱いからだと思われがちですが、真実はもう少し複雑です。
　"The Willpower Instinct" の著者ケリー・マクゴニガル氏は、意志の力には3種類あると指摘しています。弱いほうから、それは「I won't」「私は〜しない」という意志、「I will」「私は〜する」という意志、そして「I want」「私は〜のようになりたい」という意志です。
　習慣が途切れてしまうとき、あるいはやるべき仕事を先送りするようなとき、私たちはどこかで「私は中断しない」「私は先送りをしない」という一番弱い、さまざまな誘惑に動かされやすい意志の力しか使っていないのです。
　これを変えるには、まず「私は〜をする」という意識で習慣や問題を捉え直すことをします。それには「なぜなら」と理由をつけるのが有効なテクニックです。

- 私は今日ランニングに行く、なぜならこれで3日連続になって気分がよいから
- 私は先送りしたいという気持ちに反して5分だけこの仕事をしてみる。なぜならせめて5分でも、誘惑に勝ちたいからだ

　これは意志の力を鍛えるための一種の呪文で、1つ目の意志の力で動いていた行動を、第2の力で駆動するようにしてくれます。
　最終的には、これを繰り返していると「私はランニングをする人間だから、今日も走る」というくらいに意志の力が価値観として意識に組み込まれるようになります。こうなると、ほとんど努力をする必要さえなくなります。意志の力は筋肉です。「私は〜する、なぜなら〜」という理由付けで変えるたびに、意志の力はあなたが望む方向に向かって強くなってゆくのです。

HACK 239 暗示の力でダイエットをする

体重を減らそうとしているのにどうしてもカロリーの多い食事をしてしまう、あるいはなかなか禁酒を続けられないといったことがないでしょうか？ 食べることによる味覚の快感や、飲酒による幸福感といったものは人によっては抗し難い影響力をもっています。これをやめられないのは「意志が弱いから」とは限らないのです。

そうしたときには、**暗示によって偽りの記憶を植え付けることで行動を書き換える**ことができる場合があります。

「ニセ記憶ダイエット」と題された行動心理学の研究において、被験者に対して食事についてのアンケートをとり、結果を報告する際に「あなたはきっと子どものころに○○という食品をとって気持ち悪くなったことがあったでしょう」と嘘の情報を与えた結果、その食品を避けるように行動を変えることができたという例があります。**実際には起こっていない出来事でも、繰り返し与えられた暗示によって記憶が書き換えられてしまう**のです。

これを応用すると、たとえばアイスクリームなどの食品を食べる際に「前回食べたとき、たしか気持ち悪くなったんだった」「アイスクリームを食べると吐いてしまう」といった、偽の記憶を自分自身に対して暗示し続けることで、実際にその食品に対する忌避感を生み出すことができます。カロリーの高い食事と結びついている快感や満足感といった報酬のループに切れ目を入れることによって、行動を変えているわけです。

嘘の記憶を植え付けるために使い方には注意が必要ですが、自分の意志では変えられない悪習慣の繰り返しに対しては、強力な武器になってくれます。

HACK 240 毎日記録したい、3種類のライフログ

ライフログとは、毎日の行動をデータ化して蓄積することです。たとえば歩数計で歩いている距離を測り続ければ、自分では意識していない行動の癖や、改善のためのヒントを見つけることができます（もちろん、データを取ること自体が楽しいというのもあります）。

ライフログの手法を応用すると、長期的に見て自分の調子が良いときにはどんな条件がそろっていたのかがわかるようになりますので、次の3つに注目してデータをとってみましょう。

1. **睡眠量**：長期的に睡眠時間を記録して主観的な調子と比べることで、自分にとっての最適な時間がわかります
2. **食事**：何を食べたのかをメモするか、写真に撮るだけでライフログとしては十分です。健康に悪い食事が続いているならログから見て明らかですし、逆に「今日はラーメンを食べてしまったので向こう1カ月は禁止」といった日付を確認するのにも使えます
3. **調子の良さ**：主観でもよいですし、歩数などの運動量といった客観的な指標でもいいので、その日の調子を記録します。私の場合は、調子がよいときは明らかに手帳に書き込むページ数が多くなるので、その数字を記録しています

睡眠量や歩数は、Misfitなどのような活動量計で自動で計測することが可能です。自分の調子と睡眠量を見比べることで、自分をメンテナンスするためのデータが簡単に手に入るのです。

| HACK 241 | 写真は10倍撮影して、毎日1分の動画を撮影する |

　カメラマンが、駆け出しの人に与えるアドバイスにはさまざまなものがありますが、ほぼ全員が共通して口にするのが「もっと、もっと撮影しろ」というものです。ここには、ライフログに応用できる重要な考え方があります。

　完璧な写真を一度で撮ることが不可能である以上、あらゆるチャンスや偶然をものにするために、できるだけシャッターを切ることで、さまざまな撮影のパターンや組み合わせを網羅してゆくことが「この瞬間を収める」技術の上達につながります。そして、それは記録をより立体的に保存してゆくことにもつながるのです。

　具体的には、面白いか面白くないか、写真に収めるべきかそうでないかといった考えが入る前に、どんどん記録していきます。友人と写真を撮るときも、素早く5枚連写し、別のアングルから5枚連写しと、偶然の生み出す作用を呼び込みましょう。最近のスマートフォンの容量を考えるならば、毎日それだけの写真を撮っていてもほとんど問題はありません。

カンタンに「人生」を記録する

　動画も、「ちょっと長いだろうか？」と思う時間、最低でも60秒で毎日1つの記録を残していきます。これが1年になると、約6時間の、人生の大切な時間の総集編ができあがります。

　記憶は、放っておけば必ず消えていくか、変化していきます。シャッターを10倍切って、動画を毎日撮り続けることで、記録をもれなく完全にできますし、長期的に見た人生のライフログを何倍にも豊かにできるのです。

HACK 242　AI時代に向けて、仕事を投げる訓練をしておく

　新しい時代には新しい仕事術がやってきます。その顕著な例がAI（人工知能）の利用です。

　AIが人間の仕事を置き換えるようになるにはもう少し時間がかかりますが、その前にまずは**AIとの分業を効率良くできる人が差をつける**時代がやってきます。

　たとえば高い精度を持っているGoogle翻訳を使って大量の翻訳の下処理を行い、人間はそのクオリティアップだけを担当することで作業スピードを飛躍的に速くするといったことはいまや日常です。

　こうした新しいツールを使うための大前提が、任せたほうがよい仕事を自分から切り離して投げるというスキルです。しかも会って説明できるような人間相手ではなく、明確な仕事をオンラインだけで依頼するスキルが問われるのです。

　このスキルを磨くために、オンラインのバーチャル・アシスタント（VA）サービスを利用してみるということができます。

　たとえば**Kaorisan**などのVAサービスは向こう側に人間のアシスタントがいて、オンラインでできる調べ物や、データの入力といった作業を代行してくれます。安くはありませんが、自分の時間をお金で買うという意味では活用する価値があります。たとえばちょっとした計算などを眠っている間に時間帯の違うVAにお願いして夜明けに結果を受け取るといったことで、24時間の生産性が上げられるのです。

　VAを利用すると、オンラインで仕事を依頼するために必要なタスクの明確化や、仕事の投げ方というスキルが高まります。

　作業やタスクを外部化する練習はいまもメリットが大きいですが、いずれAIがスケジュール管理や、雑用を可能にしてくれるころに、重宝するスキルになるのです。

HACK 243 「30日チャレンジ」で人生を楽しく変えてゆく

　Googleのウェブスパム対策チームのリーダーで、現在米国政府デジタル・サービスに所属しているマット・カッツ氏は人生に停滞を感じていたときに、モーガン・スパーロック監督の『スーパーサイズ・ミー』などの実験的ドキュメンタリーの手法に着想を得て、30日だけ新しいことをやってみる「**30日チャレンジ**」を始めました。

　ルールは簡単です。人生でずっとやってみたかったことを、次の30日間だけ生活に取り入れてみるのです。こうして彼は、自転車で通勤する、砂糖を控えるといった健康的な習慣から、ウクレレを学んでみる、チャリティーのために髭を伸ばしてみる、毎日小説を書くなどといった楽しい習慣まで実践し、その一部は30日の期間が終わったあとも続くようになったのです。

　この30日チャレンジのおかげで、彼は日々がただ流れ去るのではなく、記憶に残る印象深いものになったといいます。また、新しい行動を始めているうちに自信が身につき、キリマンジャロの登山をしてしまうほどの冒険心まで育まれたのです。

　30日という数字は、ちょうど新しい習慣が身につき、考えずともできるようになる境目にもなっています。とりあえず30日続けてみるということは、逆にいうと30日続かなかったものはそこでやめてしまい、30日続けられたものはその後もなんらかの形で残る、というフィルターとしても機能しているのです。

　「30日は、好むと好まざるとにかかわらずどうせ過ぎ去ってしまう。それだったら、ずっとやってみたかったことを、とりあえず30日だけ始めてみてはどうでしょう」と彼は言います。

　マット・カッツ氏の30日チャレンジについての軽やかな講演はTEDのサイトで見ることができます。

HACK 244 人生マッピングで長期的思考を俯瞰する

ときにはあなたの人生全体を俯瞰して、より長期的に見て足りないことや、計画すべきことがないかチェックしてみましょう。**簡単なマインドマップで人生の見取り図を描くのです。**

紙の中央にまず「自分」という項目を置き、その周囲に「仕事」「家庭」「趣味」といった重要な要素を置いておきます。

それぞれの要素の下には、取り組んでいる仕事や計画を書いていきます。たとえば来年の旅行の計画、資格試験に向けた準備といったようにです。すると、たとえば来年の旅行のためには最低でも何月までに予約をするべきかといった前提条件が見えてきますので、それもどんどんと項目の下に枝分かれして加えていきます。数年から十数年にわたる、結婚や子どもの成長、自分や家族の節目の年齢といったものを加えるのも重要です。最終的にはそれぞれの枝からタスクを拾い集めて、いまアクションがとれるものがないかを検討します。

人生マップを作ることで普段目先のことしか考えられない人生を、高い視点から俯瞰して、バランスをとることができるのです。

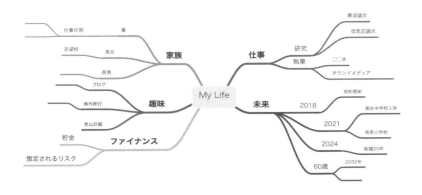

HACK 245 | 安心領域を攻略して不可能を可能に変えてゆく

　初対面の人に話しかけるのは得意でしょうか？　批判をやりとりしたり、厳しい議論を戦わせたりするのは？

　人にはそれぞれ、そこから踏み出すのが難しい心理的な「安心領域」がありますが、それを攻略しなければ、人生におけるいくつかの変化はいつまで経っても手が届かなくなります。

　"The 4 Hour Workweek" のティモシー・フェリス氏は著書のなかで、読者の安心領域を試すために、公園やバーや電車の中といった公共の場所でいきなり横たわり、20秒ほど目をつぶってじっとするというチャレンジを出しています。

　本当にこれを実行せずとも、その様子を想像してみてください。横たわるあなたは「人にどう思われるだろうか」とドキドキしていると思いますが、周囲の人は不思議そうに見るだけで、意外になんとも思っていないものです。**安心領域の外側にある恐怖というものは、えてして私たちの心の中にあるだけなのです。**

　職場のプレッシャーに負けずに残業をせずに先に帰る、言い出しづらい質問を対面で行うなどといったように、踏み出すことを避けている安心領域の境界線がいくつもあるものですが、これを週に1つを目安に攻略してみてください。

　安心領域を踏み出すと、ときには人を怒らせたり、文句を言われたりすることもありますが、ここで重要なのは**許可をもらうことではなく、許しを得ることです。**「定時で帰ってよいですか」と許可を得るのではなく、「申し訳ありませんが定時で帰ります」という具合にです。

　心のなかで恐怖に思っているようなことでも、一歩を踏み出してみるとあっさりと実現するようなことがよくあります。そのようにして自分の安心領域を少しずつ、拡大してゆくのです。

HACK
246

究極のライフハック
習慣としての瞑想

　世界レベルのビジネスマンやアーティストたちの8割は、なんらかの形で**瞑想の習慣**を持っていると言われています。

　ヒュー・ジャックマンや、ケイティー・ペリーといった俳優やミュージシャンには特に多い傾向がありますし、文筆家や政治家のように対人ストレスの多い仕事をしている人にも、瞑想の習慣を取り入れている人は枚挙にいとまがありません。

　瞑想はどこか神秘的で日常生活には関係ないと感じているかもしれませんが、実は朝のたった10分で残りの1日を整えることができるメタ習慣＝習慣がうまくゆくための習慣なのです。

　ストレスを下げて集中力を高め、同じ作業でももっとラクにできるようにし、ああするべきだった、こうするべきだったといった心の雑音を少なくして、問題を客観的に捉えられるようにしてくれます。いうなれば、ライフハックで学ぶことができるすべてを増幅してくれる、究極の習慣といってもいいのです。

　瞑想を学ぶにはさまざまな方法がありますが、忙しい人にとって手っ取り早いのはスマートフォンの瞑想アプリを使い、とりあえず7日間始めてみることです。

　iPhoneの **Insight Timer** は、瞑想の時間、環境音などを設定し、自分の実践回数をトラッキングすることなどが可能です。慣れてくればこうした補助ツールは必要なくなりますが、自分に向いた時間の長さや導入法を見つけるのに便利です。

HACK 247 ライフゴールを次々にかなえてゆく

　人生の目標は、できるだけ明確で少ないほうが力を集中させることができますし、あまりに遠大で大きな目標を持ってそれがいつまでも実現しないというのは問題です。

　目標を立ててそれを実現するマインドを育てるためにも、「**小さな目標を次々に達成してゆく**」というのは、幸せに生きるためのテクニックと言っていいのです。

　そうした考えから、欧米の多くのライフハックブログや、43Thingsのようなウェブサービスが取り上げるのが、なるべく多くの、たとえば**101個のライフゴール＝人生の目標を立てて、実行してゆく**という手法です。

　たとえば、3年くらいの期間で実現してみたいと考えていることを、1つのリストにしてみます。

　具体的には「フィンランドに行ってみたい」「スイスアルプスを旅したい」といった旅行の計画や、「中国語を学びたい」「手話で会話したい」といったスキルの計画といったものでもいいでしょう。「カヤックをしてみたい」「熱気球に乗ってみたい」といった冒険心を試すものを数多く入れるのもおすすめです。なかには「雨の中を散歩したい」「詩を書いてみたい」といったように、機会と少しの意思があれば実現できる素敵なことを入れておく人もいます。

　要するに行動を起こしさえすれば次々にかなう目標をリストに入れておき、実現しようと期待しながら毎日を過ごすのが大事なのです。

　こうして小さな目標を達成するうちに、101個のライフゴールの大半は数年で消えていきます。そうしたら、また次の素敵なことをさらに101個考えて実行していけば良いのです。

HACK 248　ライフスタイルのインフレに注意する

　私が折にふれて読み返すトルストイの小品『光あるうち光の中を歩め』の岩波文庫版は、買った1994年当時は価格が260円でした。大学の食堂の一食を我慢すれば本が1冊買えたことを、いまも懐かしく思い出します。

　そのころはその数百円を使うかどうかが、私にとっては死活問題でしたが、社会に出て、仕事をするようになってからは、しだいにその金額が増していき、新しいiPhoneが買えるだろうか、カメラを新調できるだろうかといった金額が気になるようになりました。

　仕事をしてゆくなかで使用できるお金が増えたとき、それに合わせてライフスタイルが変わってゆくこと自体は自然です。しかし、いったん高額なお金を使うようになったライフスタイルを戻すことは容易ではありません。**お金の使い方がライフスタイルに合わせてインフレーションしてしまうのです。**

　お金の使い方が変わるきっかけとしては、金遣いの荒い人との交流がありがちです。周囲の人が高額なカメラを買っていると「自分もそうしなければ」という、心理的に同調したい気持ちが生じますので、それが本当に必要なものなのか、単に影響されてのことなのかを判断する視点が必要になります。

　こんなときにおすすめなのが、**一点の趣味だけを豪華にする**という方法です。たとえば欧米のとある靴紹介ブログを運営している女性は、目の飛び出そうな値段の靴を次々と買っているものの、それ以外の服や住んでいる部屋にはほとんどお金をかけないことによって一点豪華主義を貫くというスタイルをとっています。

　こうすることで、本当に欲しいものは手に入れつつも、ライフスタイル全体がインフレーションを起こすのを注意深く避けることができるのです。

HACK 249 「変」であることを、どこかに持つ

「私は普通ですよ」と口では言いながら、どこかでは自分は普通ではないと思いたい、他人にそう思ってほしいと願うのが、普通の人間です。ここから一歩踏み出してみましょう。

「普通」の反対を「変」だとするならば、いまは過去に比べてずっと多くの「変」な人が社会で認められている時代です。マーケティングの専門家セス・ゴディンは "We are all weird" というマニフェストの中で、世界の多様性が増した結果「普通」の人が減り、以前は変人だと思われていた人の数が相対的に増えていることを指摘しています。「変」な人は増えていますし、「変」な人に向けたビジネスチャンスもそれに合わせて増えています。**戦略的に「変」であることが、有利な時代の到来といっていい**のです。

「変」であることとはなんでしょうか？　最もわかりやすいのは、時間の使い方やお金の使い方、つまりは自分のリソースを普通の人とは別のことに集中的に投下する人のことです。

なんでも満遍なく「普通」に体験する人をやめて、特定の趣味に何倍もの時間とお金を使う、普通の人が見るテレビや活動をすべてやめて別な活動に割り振る、なぜか特定の分野だけ狂ったようにフォローするといったような形で「変」は創り出すことができます。

かつてその特徴的なワインブログで人気を博したゲイリー・ヴェイナーチャック氏は、自分のブログを超えるワインブログの作り方は簡単だと読者を鼓舞したことがあります。「特定の村の、特定の品種のワインだけを追うようなニッチの中のニッチを攻略すれば、そこには誰もいない。『変』になれば無敵なんだ」

普通の人として目立つのは至難の業ですが、あるニッチな分野で世界一の変な人になるのなら、それほど難しいことではないのです。

HACK 250

人生の航路を
ゆっくりと変える

　船の免許の講習を受けているときに、大型船がいかに止まりにくいかという説明に驚いたことがあります。小型船ならば一瞬で舳先(へさき)を翻すことができますが、大型船は全力で針路を変えようとしても、実際に航路が変わるのは何キロも進んでからなのです。

　このことは、毎日の行動と人生の流れの関係に似ています。毎日の行動は簡単に変えることができますが、人生の流れは1日では変えられません。そして**人生の航路を変えたいと願うなら、それは毎日の小さな行動を変えるところからでなければ不可能**なのです。

　本書ではさまざまなテクニックを紹介してきましたが、その多くは一瞬で実行可能であるにもかかわらず、何十回、何百回、何千回と繰り返すうちに大きな時間を節約し、仕事を片付け、人生の行き先をゆるやかに、しかし大きく動かすことができるものばかりです。

　実現したい目標や、向かいたい未来があるなら、その遠い方向性に向かってゆるやかに航路を作ってくれるような「小さな習慣」を探してください。

　それこそが、あなたの人生を変えるライフハックなのです。

習慣化・やめない技術「人生を変える小さな習慣」

おわりに | 小さな習慣を「人生・仕事の松葉杖」にするために

いかがだったでしょうか？ この本には、私がこれまでブログで紹介してきた話題から、過去10年に集めてきたさまざまな「小さな習慣＝ライフハック」のうち重要なものをすべてまとめています。

はじめは1つ、2つを試し、やがて慣れてきたら戦略的にハックを選びながら、みなさんの生活にあてはめてみてください。

ここで鍵となるのは、一種の「しつこさ」です。ライフハックは人生の特効薬ではありません。それは直面する問題に対して適用できる武器や、道具のようなもので、ちょうどいいものが見つかるまでトライ＆エラーを繰り返してゆく必要があるのです。

本書で紹介した250のハックやテクニックのすべてを実践する必要はありませんし、もちろんそれらを完璧にこなす必要もありません。みなさんの人生がラクに、楽しく、生産性豊かなものになるように、必要なものを必要なときに取り入れながら、ゆるやかにあなたが目指している人生の航路の先を目指してください。

ライフハックは、忘れてよい

最後に、みなさんにお願いがあります。それは、これらのライフハックが身について、意識せずとも実践できるところまで来たなら、それを忘れてしまってほしいのです。

ライフハックの代表的なブログ、43Foldersのマーリン・マン氏は「ライフハックは松葉杖のようなものだ」とインタビューで答えています。ケガをしているときや歩くのがつらいときに、杖を使って前に進むことは必要です。しかし、自分で歩き、走れるようになったなら、杖の役割は終わります。そうしたら、杖のことは忘れてよいのです。

みなさんがライフハックのことを忘れてしまえるようになるまで、これ

らの小さな習慣がみなさんの生活に寄り添い、みなさんの人生の助けになってくれることを、著者として祈っています。

　本書の執筆にあたっては、ブログ「R-Style」の倉下忠憲さん、「Hacks for Creative Life!」の北真也さん、「Find the meaning of my life.」の酒井一太さん、「QT/mode」の大熊マナミさんに、250のハックの内容やバランスについてコメントをいただきました。おかげで、私一人では見つけられない改善点に気づくことができました。ありがとうございました。
　また、開設以来ずっとブログを読んでくださっているLifehacking.jpの読者の皆さん、ツイッターなどで質問に対してさまざまなアドバイスを下さったフォロワーのみなさんにも、深く感謝いたします。みなさんの支援なしに、この本は完成しませんでした。

　本書を通して、みなさんの人生が明るいものになれば、著者としてこれ以上の幸せはありません。ネットや、リアルでもし私を見かけることがあったなら、ぜひみなさんのライフハックや、その体験について聞かせてください。合言葉はおわかりですね？
　"Happy Lifehacking!"

ブログLifehacking.jp管理人
堀　正岳（@mehori）

参 考 文 献

- 梅棹忠夫『知的生産の技術』岩波新書
- 田中菊雄『現代読書法』講談社学術文庫
- 野口悠紀雄『「超」整理法――情報検索と発想の新システム』中公新書
- David Allen, "Getting Things Done: The Art of Stress-Free Productivity"（邦訳：デビッド・アレン『はじめてのGTD ストレスフリーの整理術』二見書房）
- Stephen R. Covey, "The 7 Habits of Highly Effective People: Powerful Lessons in Personal Change"（邦訳：スティーブン・R・コヴィー著、ジェームス・スキナー他訳『7つの習慣―成功には原則があった!』キングベアー出版）
- Charles Duhigg, "The Power of Habit: Why We Do What We Do in Life and Business"（邦訳：チャールズ・デュヒッグ『習慣の力 The Power of Habit』講談社）
- Charles Duhigg, "Smarter Faster Better: The Secrets of Being Productive"
- Timothy Ferriss, "The 4-Hour Workweek: Escape 9-5, Live Anywhere, and Join the New Rich"（邦訳：ティモシー・フェリス『「週4時間」だけ働く。』青志社）
- Niel Fiore, "The Now Habit: A Strategic Program for Overcoming Procrastination and Enjoying Guilt-Free Play"（邦訳：ネイル・フィオーレ『戦略的グズ克服術』河出書房新社）
- Mark Forster, "Do It Tomorrow and Other Secrets of Time Management"（邦訳：マーク・フォースター『仕事に追われない仕事術 マニャーナの法則 完全版』ディスカヴァー・トゥエンティワン）
- Atul Gawande, "The Checklist Manifesto: How to Get Things Right"（邦訳：アトゥール・ガワンデ『アナタはなぜチェックリストを使わないのか?』晋遊舎）

- Eli Pariser, "The Filter Bubble: How the New Personalized Web Is Changing What We Read and How We Think"（邦訳：イーライ・パリサー『フィルター・バブル——インターネットが隠していること』早川書房）
- Malcolm Gladwell, "Outliers"（邦訳：マルコム・グラッドウェル『天才！成功する人々の法則』講談社）
- Eric Maisel, Ann Maisel, "Brainstorm"
- Kelly McGonigal, "The Willpower Instinct: How Self-Control Works, Why It Matters, and What You Can Do to Get More of It"（邦訳：ケリー・マクゴニガル『スタンフォードの自分を変える教室』大和書房）
- Cal Newport, "Deep Work: Rules for Focused Success in a Distracted World"（邦訳：カル・ニューポート『大事なことに集中する——気が散るものだらけの世界で生産性を最大化する科学的方法』ダイヤモンド社）
- Steven Pressfield, "The War of Art: Break Through the Blocks and Win Your Inner Creative Battles"（邦訳：スティーヴン・プレスフィールド『やりとげる力』筑摩書房）
- R. Keith Sawyer, "Explaining Creativity: The Science of Human Innovation"
- S. J. Scott, "Habit Stacking"
- Julia Shaw, "The Memory Illusion: Why You Might Not Be Who You Think You Are"
- Brian Tracy, "Eat That Frog!: Get More of the Important Things Done - Today!"（邦訳：ブライアン・トレイシー、クリスティーナ・トレイシー・スターン『カエルにキスをしろ！』ダイヤモンド社）

堀 正岳（ほり まさたけ）
研究者・ブロガー。北極における気候変動を研究するかたわら、ライフハック、IT、文具などをテーマとしたブログ「Lifehacking.jp」を運営。知的生産、仕事術、ソーシャルメディアなどについて著書多数。理学博士。

ライフハック大全────人生と仕事を変える小さな習慣250

2017年11月16日　初版発行
2021年10月5日　　6版発行

著者／堀　正岳

発行者／青柳　昌行

発行／株式会社KADOKAWA
〒102-8177　東京都千代田区富士見2-13-3
電話　0570-002-301（ナビダイヤル）

印刷所／大日本印刷株式会社

本書の無断複製（コピー、スキャン、デジタル化等）並びに
無断複製物の譲渡及び配信は、著作権法上での例外を除き禁じられています。
また、本書を代行業者などの第三者に依頼して複製する行為は、
たとえ個人や家庭内での利用であっても一切認められておりません。

●お問い合わせ
https://www.kadokawa.co.jp/（「お問い合わせ」へお進みください）
※内容によっては、お答えできない場合があります。
※サポートは日本国内のみとさせていただきます。
※Japanese text only

定価はカバーに表示してあります。

©Masatake Hori 2017　Printed in Japan
ISBN 978-4-04-602154-0　C0030